Pragmatics of
Utterance Interpretation

発話解釈
の語用論

大津隆広

九州大学出版会

まえがき

　語用論への私の関心は、九州大学文学部英語学英文学専攻へ進学後の故大江三郎先生との出合いに始まる。多くのことを教えていただいた中で、伝達された発話（当時は発話という語用論の分析の単位など知らなかったが）の意味解釈には一定のプロセスやルールがあるという視点は、当時の私の知的興味を引いた。さっそく図書館の書架から Paul Grice の "Logic and Conversation" を探し出して読んだ記憶がある。語用論研究者が必ず手に取るその論文は、短い論文ながら、今振り返ると語用論研究の方向性が多く語られていた。当時の先生のゼミあるいは御著書の中で、特に文学作品の語用論的分析の手法が今でも印象に残っている。小説の中の英文の解釈の難しさに加えて、先生の質問の真意や意図を汲み取ることが、私にとって至難の作業であった。そうした解釈のプロセスこそが私の認知語用論研究への扉をすでに開いていたのかもしれない。もし御存命であったならば、どのような研究を続けられ、現在の英語学あるいは語用論の姿をどのように捉えられるだろうかと、先生が亡くなられた年齢に近づくにつれて考えるようになった。

　1986 年に *Relevance Theory* の初版が発刊された時大学院生であった私は、川瀬義清先生を中心とした読書会に参加させていただくことになった。読み始める第 1 章がもっとも難解であるために、言語研究への応用の仕方がわからず、その後は関連性理論から遠ざかっていた。それから 15 年ほどの月日が経ち、2002 年 3 月に国際基督教大学で Deirdre Wilson 博士を講師の一人として開催された 4 日連続の「認知語用論公開講座」は、再び関連性理論への興味を喚起してくれた。講座終了の翌日に行われたワークショップでの口頭発表の準備をしながら、あらためて理論の枠組みを学び直すといくつか誤解していた点もあり、講座の合間に慌てて原稿の修正を行なったことを覚えている。質疑応答の際に Wilson 先生より最初にいただいた

"Beautiful presentation"という文断片的発話の中のbeautifulという概念は、決して理路整然とした内容ではなかったはずだが、私の中でアドホックに多少伸び縮みするものとなった。当時の記憶を思い起こすコンテクストに応じて、その発話は、励まし、世辞、期待などのさまざまな意味に理解することで、今でも研究の支えになっている。その後、学会などで臆面もなく質問させていただいた際にも、時間を割いて丁寧な返答をいただき、研究指導のあり方についても学ばせていただくところが多い。また、この講座を主催され、日本における関連性理論研究を積極的に進められ、私にとって重たい扉を再び開けていただいた西山佑司先生、内田聖二先生、武内道子先生、松井智子先生には心より感謝を申し上げたい。また、生成文法がご専門の稲田俊明先生には、ことばに関する身近な話題の中に、常に語用論研究のヒントを与えていただいた。

大学院の同期生である松瀬憲司氏、西岡宣明氏には、研究分野は異なるものの、常に刺激を受けながらここまでやってこられたのだと感謝している。語用論を志す数少ない友人に平井昭徳君がいた。アイロニーやトートロジーといった修辞的側面に関心を寄せ、島根大学で教鞭を取り始めてからも着実にその研究を続けていた。しかし、2003年6月、突然の病でこの世を去った。やがて10年が経とうとしているが、語用論研究の仲間であると同時に、親しい友人を失ったことは、今でも残念に思えてしかたがない。よき恩師のもとで、よき友人と学んだ若き大学院時代に思いを馳せながら本書をまとめた。

本書は以下の3つの科学研究費補助金の支援によるところが大きい。

(1) 平成14〜15年度科学研究費補助金基盤研究 (C) (2)「コミュニケーションにおける関連性理論の妥当性についての実証的研究」(課題番号14510529)

(2) 平成17〜19年度科学研究費補助金基盤研究 (C)「日英語の談話連結語における手続き的意味と語用論的推論の研究」(課題番号17520330)

(3)　平成 21〜23 年度科学研究費補助金基盤研究 (C)「照応理解の認知プロセスに関するメタ表示的分析」(課題番号 21520408)

　本書は関連性理論に基づく 7 章の議論から構成されている。上記の研究課題 (1) は第 1 章から第 3 章に反映されている。第 1 章は関連性理論の中で発話解釈に関わる重要なトピックを取り上げている。その議論をもとに、第 2 章と第 3 章では会話の含意や発話行為、ポライトネスなどの語用論研究の基本的な分野の検討を行った。研究課題 (2) は第 4 章から第 6 章に反映されている。第 4 章では、譲歩と正当化のコンテクストで用いられる英語の談話連結語 after all の一義的説明、第 5 章では日本語の接続表現「だって」の意味を考察した。さらに、第 6 章では文法化に対する関連性理論の視点を取り上げている。最後に、研究課題 (3) は第 7 章に反映されており、動詞句照応の認知プロセスについて、メタ表示の観点から考察している。

　関連性理論の扉が再び開いてから 10 年が過ぎた。本書の内容がどの程度価値ある研究であるかはわからないが、10 年という区切りが本書の執筆のきっかけとなったことは確かである。本書をまとめるにあたり、三重大学の吉田悦子先生、オックスフォード大学大学院博士課程の瀬楽亨君には貴重な助言などをいただいた。研究面において常に刺激的なお二人には、日頃の感謝とともに、この場を借りてお礼を申し上げたい。また、本書の出版にあたり、九州大学出版会の野本敦氏には、およそ 5 ヶ月もの間、懇切丁寧に助言やサポートをいただいた。編集と制作では、本郷尚子さんには、レイアウトの的確な変更など、多大なご尽力をいただいた。末筆ながら、心より感謝を申し上げたい。

　なお、本書の刊行にあたり、九州大学言語文化研究院より出版費用の一部の支援を受けている。

2013 年 3 月

著　者

目　次

まえがき　　　　　　　　　　　　　　　　　　　　　　　　　　　　　*iii*

第1章　発話解釈と関連性理論　　　　　　　　　　　　　　　　　*1*
1. コミュニケーションの2つのモデル　　　　　　　　　　　　*1*
2. 意図明示推論的コミュニケーション　　　　　　　　　　　　*3*
3. 関連性の原理　　　　　　　　　　　　　　　　　　　　　　*7*
4. 明示的伝達と暗示的伝達の区別　　　　　　　　　　　　　　*12*
5. 発話解釈のオンライン過程　　　　　　　　　　　　　　　　*16*
6. 言語表現に符号化された情報のタイプ　　　　　　　　　　　*20*
7. 談話連結語と発話解釈への手続き　　　　　　　　　　　　　*26*
8. but の手続き的意味の一義的説明　　　　　　　　　　　　　*31*

第2章　グライスとレビンソンの会話の含意をめぐって　　　　　　*35*
1. グライスの会話の含意　　　　　　　　　　　　　　　　　　*35*
   1.1　協調の原理　　　　　　　　　　　　　　　　　　　　　*35*
   1.2　会話の含意のタイプ　　　　　　　　　　　　　　　　　*40*
   1.3　協調の原理と発話解釈　　　　　　　　　　　　　　　　*43*
2. レビンソンの一般化された会話の含意　　　　　　　　　　　*45*
   2.1　Q 含意　　　　　　　　　　　　　　　　　　　　　　　*46*
   2.2　I 含意　　　　　　　　　　　　　　　　　　　　　　　*48*
   2.3　M 含意　　　　　　　　　　　　　　　　　　　　　　　*51*
   2.4　衝突解決のスキーマ　　　　　　　　　　　　　　　　　*53*
   2.5　体系化された GCI と発話解釈　　　　　　　　　　　　*55*
3. 関連性理論からみた GCI および Q/M/I 含意　　　　　　　*57*
   3.1　GCI および Q/M/I 含意の明示性　　　　　　　　　　 *57*
   3.2　関連性の原理に基づく推論　　　　　　　　　　　　　　*65*
4. おわりに　　　　　　　　　　　　　　　　　　　　　　　　*70*

第3章　発話行為およびポライトネスと発話解釈　　　　　　　　　*73*
1. 発話行為論における意味解釈　　　　　　　　　　　　　　　*73*
   1.1　発話内行為の成立と適切性条件　　　　　　　　　　　　*73*
   1.2　発話内行為の確定　　　　　　　　　　　　　　　　　　*77*
2. バックとハーニッシュの発話行為スキーマ　　　　　　　　　*82*

3.	発話の力と高次表意	*88*
4.	ポライトネスと意味解釈	*93*
	4.1　発話解釈の補助手段としてのポライトネス	*93*
	4.2　ポライトネスと関連性	*95*
5.	おわりに	*99*

第4章　after all が符号化する手続き―譲歩と正当化の認知的基盤― *101*

1.	譲歩的用法と正当化用法	*101*
2.	関連性理論におけるこれまでの説明	*103*
	2.1　Blakemore (2002)、Carston (2002)	*103*
	2.2　Fretheim (2001)	*106*
3.	文脈想定再考―2項表示から3項表示へ	*109*
	3.1　譲歩における根拠	*109*
	3.2　正当化における先行想定	*113*
	3.3　3項表示に基づく推論スキーマ	*116*
4.	譲歩と正当化の一義的説明	*117*
	4.1　譲歩の手続き	*117*
	4.2　正当化の手続き	*119*
	4.3　譲歩的用法と正当化用法が共有する認知的基盤	*122*
5.	おわりに	*128*

第5章　「だって」の意味―想定の一致という接続関係― *131*

1.	「だって」の多様な側面	*131*
2.	「だって」節が接続するもの	*132*
3.	一義的説明のこれまでの試み	*135*
4.	「だって」の意味再考	*136*
	4.1　発話解釈の推論スキーマ	*136*
	4.2　「だって」による正当化	*137*
	4.3　「だって」の情意性	*140*
	4.4　「だって」による同意や共感	*141*
5.	おわりに	*144*

第6章　概念と手続きの区別と文法化　　147

1. コーパスの比較による after all の用法の優位性の変化　　147
   - 1.1　after all の用法の区別　　147
   - 1.2　*Letters of Delegates to Congress*　　148
   - 1.3　Collins Wordbanks　　150
2. after all の意味の通時的変化　　154
   - 2.1　多様な用法の意味機能の拡張　　154
   - 2.2　文法化への2つのアプローチ　　158
     - 2.2.1　歴史語用論的アプローチ　　158
     - 2.2.2　関連性理論のアプローチ　　160
3. 手続きと主観性／間主観性　　163
4. おわりに　　169

第7章　照応表現の理解とメタ表示　　171

1. 多様な照応表現　　171
2. 照応分析のこれまでの試みと問題点　　175
   - 2.1　言語的制御と語用論的制御の二分法　　175
   - 2.2　いわゆる先行詞をもたない照応　　178
   - 2.3　Murphy (1985) の復元可能性の尺度　　181
   - 2.4　第2節のまとめ　　184
3. 動詞句照応のメタ表示的分析　　185
   - 3.1　特殊な飽和としての照応プロセス　　185
   - 3.2　言語的メタ表示と非言語的メタ表示　　186
   - 3.3　類似性の程度と文脈想定の呼び出し可能性　　192
4. 動詞句照応に符号化された一般的制約　　196
5. 照応表現と直示表現の手続き　　199
6. おわりに　　202

まとめにかえて　　203

参考文献　　207
索引　　218

第1章

発話解釈と関連性理論

Sperber and Wilson により 1986 年に提唱された関連性理論(Relevance Theory)は、発話の産出と理解に関わる諸側面を人間の認知の観点から説明する理論であり、特に発話解釈の仕組みの解明に与えた学術的影響は大きいと言える。この章では、関連性理論における発話解釈の考え方を概観する。

■1. コミュニケーションの2つのモデル

　語用論はその歴史が比較的浅いために、新しい学問だとよく言われる。しかし、ほんの半世紀ほどの研究はさまざまな視点を含み、回顧と発展がくり返されてきた。語用論の研究対象は、全てとは言わないまでも、発話の意味がどのように構築され、解釈されるかにある。コミュニケーションに関する伝統的な考え方はコードモデル(code model)であろう。コードモデルについて、Katz (1966: 103-104) は次のように述べている。

> （1）　This [The speaker's] message is encoded in the form of a phonetic representation of an utterance by means of the system of linguistic rules with which the speaker is equipped. This encoding then becomes a signal to the speaker's articulatory organs, and he vocalizes an utterance of the proper phonetic shape. This is, in turn, picked up by the hearer's auditory organs. The speech sounds that stimulate these organs are then converted into a **neural** signal from which a phonetic representation equivalent to the one into which the speaker encoded his message is obtained. This representation is decoded into a representation of the same message that the speaker originally chose to convey by the hearer's equivalent system of linguistic rules.

1

コードモデルは、観察不可能なメッセージ（思考）、観察可能な信号（発話の音声表示や文字表示）、メッセージと信号を結び付ける文法規則や社会規約などのコード（Katz は言語的ルール体系と呼んでいる）により説明される。話し手があるメッセージを伝達する場合、そのメッセージはコードにより関連づけられた信号を使って伝達される。一方、聞き手はその信号を受け取り、コードを用いてその信号から話し手のメッセージを解読することになる。つまり、コードモデルでは、話し手の思考としてのメッセージは言語にコード化され、聞き手がそれとは逆のプロセスを辿ることで話し手の思考が解読されると考える。コードモデルの前提として、話し手と聞き手は相互に同一のコードを共有していることになる。

　しかし、多くの言語表現は、コンテクストの情報がなければ話し手が意図した意味を確定することができない（言語的決定不可能性 (linguistic indeterminacy)）。また、多義性や語彙の曖昧さ、統語的な曖昧さなども見られる (cf. Kess・西光 (1989))。したがって、言語表現に符号化された意味と話し手の意図する意味の間には隔たりがあり、言語表現に符号化された意味だけでは、発話の意味を決定することはできない（言語的決定不十分性 (linguistic underdeterminacy)）。

　コードモデルを人間のコミュニケーション活動に当てはめた場合の問題は、信号へとコード化される話し手の思考が、聞き手の解読という過程を通して完全に復元されるという考え方にある。話し手が自らのメッセージを信号にコード化する際に用いるコードと、聞き手が信号からメッセージを解読する際に用いるコードが同一のものでなくてはならないという仮定は、経験的に妥当なものであるとは言えない。さらに、発話解釈の多くはコンテクストに依存して行われる。また、コードが言語的ルール体系だとした場合、非言語コミュニケーションにおけるメッセージの伝達については、ジェスチャーなどのように文化的にコード化された場合は除き、コードモデルでは説明できないであろう。

　これに対して、コミュニケーションにおける推論モデル (inferential model) の提唱は、哲学的視点からの Paul Grice に始まると言えよう。話し手が言

第 1 章　発話解釈と関連性理論

語を含めたさまざまな形態のコミュニケーション行為としての発話により何かを意味することは、発話の意図を聞き手が認知することにより、聞き手の中に何らかの効果を生み出すことを意図することである (Grice (1989: 220))。こうした考え方は、Wilson and Sperber (1987: 8) において、認知システムの視点からより明確に捉え直されている。

(2) . . . [C]ommunication is achieved not by coding and decoding messages, but by providing evidence for an intended hypothesis about the speaker's communicative intentions. Communication is successful when the audience interprets the evidence on the intended lines. Failures in communication result from misinterpretation of the evidence provided. Indeterminacy results from the fact that a single utterance may provide evidence for a range of related hypotheses, all similar enough to the thoughts the communicator wanted to convey.

推論モデルでは、話し手と聞き手が共有する同一のコードの存在をコミュニケーションの前提とはしない。発話は、聞き手がその意図を読み取るために仮説を立てる証拠 (evidence) として、話し手が提示するものである。したがって、聞き手の側からすると、一つの発話は話し手の複数の思考を表現しうるために、仮説形成はそう簡単ではない。発話の意味解釈は常に誤解というリスクを伴うものであり、話し手の意味の理解まで聞き手が到達しないこともある。しかし、一方において、誰しもコミュニケーションは円滑に行なわれうるという認識をもっている。関連性理論は、話し手の意味の伝達のみならず、その効率的な認知の仕組みについても説明を与えるものである。

■2. 意図明示推論的コミュニケーション

Grice (1975) は、「話し手は会話進行上協力的である」という期待を満足する仮説こそが聞き手が発話解釈のために用いる仮説であり、会話の格率に違反しているように見えながらも協調の原理 (Cooperative Principle) を広く

遵守すると仮定することで話し手の発話の意図が算出できると考える。一方、関連性理論は、Grice が発話の伝達と認知の研究に与えた貢献を評価する一方で、(3) のような関連性志向という人間の認知の傾向が、他の認知システム (知覚、記憶、推論など) との関わりの中で、話し手が意味を伝達するプロセスとその認知の仕組みを説明すると考える。

> （3）　...[H]umans tend to pay attention to the most relevant phenomena available; they construct the most relevant possible representations of these phenomena, and process them in a context that maximises their relevance.... A communicator, by the very act of claiming an audience's attention, suggests that the information he is offering is relevant enough to be worth the audience's attention.
>
> (Wilson and Sperber (1987: 10))

われわれは身近にある最も関連性のある現象に注意を払う傾向にある。話し手は関連性 (relevance) の高い現象を最も関連性が高くなるであろうと考えるやり方で提示し、聞き手は話し手が提示したものを関連性が最大限になるようなコンテクストで処理しようとする。話し手は、聞き手の注意を引くまさにこうした行為によって、伝達する発話の内容が聞き手の注意を引き付けるに値するということを示唆している。[1]

　関連性があるとわれわれが認識するものは、認知のプロセスへのインプットとして利用できるものであり、意図明示的刺激 (ostensive stimuli) と

---

[1]　relevance という用語は、関連性理論以前にもコミュニケーションに関わる一般的な概念として用いられていた。一例として、Leech (1983: 99) は、次のように、発話は話し手と聞き手の会話の目的に貢献すると解釈される限り発話の状況に対して関連性がある (relevant) と定義している。

> An utterance U is relevant to a speech situation *to the extent that U* can be interpreted as contributing to the conversational goal(s) of *s* or *h*.

この概念は Bach and Harnish (1979) でも用いられているが、Leech 同様、Grice 流の会話の目的達成への協力による仕組みに基づいたものである。

呼ばれる。意図明示的刺激になりうるものには、発話はもとより、光景（視覚的情報）、音、ウィンクや舌鼓、指差しなどのしぐさというような非言語的情報がある。例えば、ワインがもう一杯ほしい時には、直接言葉で伝えるだけではなく、空になったグラスを指差したり、持ち上げたり、意味ありげにグラスをじっと見つめたりする。自らの意図が相手にとって明示的な刺激となりうるように伝達した方が、その刺激に関心を持たせ、そこから自らの意図を汲んでもらえる可能性が高いからである。[2]

　それでは、刺激が意図明示的であるとはどういうことであろうか。(4)では、Mary により見せられたギプスで固定された足が、Peter にはスキー旅行への否定的な答えを読み取るための証拠として働いている。

　　（4）　Peter:　Did you enjoy your skiing holiday?
　　　　　Mary:　[displays her leg in plaster]

(Wilson and Sperber (1987: 8))

例えば、(4) の Peter の質問に対して、Mary は次のような種々の伝達を行うことが可能である。

　　（5）　a.　スキー旅行が最悪であったという気持ち自体を Peter に隠す。
　　　　　b.　スキー旅行が最悪であったという気持ちを知らせようと意図していることを Peter にわかってもらいたいが、わかってもらいたいという意図があることは察知させない。
　　　　　c.　スキー旅行が最悪であったという気持ちを知らせようと意図していることを Peter にわかってもらいたいだけではなく、わかってもらいたいと思っていることを Peter に知らせる。

---

[2]　正確に言えば、インプットとして関連性をもつ刺激のすべてが意図明示的であるとは限らない。O. Henry の『最後の一葉』の中の年老いた画家ジョンジーが病室の窓から眺める蔦の葉が一枚づつ落ちていく様子は、それ自体は意図明示的ではないが、死の足音と重ね合わせる彼女からすると関連性が高い情報だと言える。

コミュニケーションが意図明示的であるためには、情報を顕在化することで相手に情報を与えようとする情報意図（informative intention）と、その意図を話し手と聞き手相互に顕在化（mutually manifest）させる（つまり、相手にも情報意図があることを理解してもらう）という伝達意図（communicative intention）の両方が成立することが必要である。2つの意図の観点からすると、(5a)は Mary には情報意図も伝達意図もない、(5b)は情報意図はあるが伝達意図はない、(5c)は情報意図も伝達意図もあることになる。(4)における Mary の伝達行為は、この(5c)にあてはまると考えられ、P という話し手の意味を伝達する(6)のような心的表示（mental representation）（思考の言語における概念としての文）として表せるだろう。

（6）　Mary intends Peter to realize that she intends him to believe that P.

関連性理論では、(5c)のように情報意図が相互に顕在化された、つまり伝達意図が実現化されたコミュニケーションを、(7)の定義のように意図明示推論的コミュニケーション（ostensive-inferential communication）と呼ぶ。

（7）　話し手がある刺激を用い、その刺激によってある想定の集合｛I｝を聞き手に対して（より）顕在化しようと意図していることを相互的に顕在化するとき、意図明示推論的コミュニケーションが成立していると定義できる。

(cf. Sperber and Wilson (1986/1995: 63))

想定（assumption）とは、世界のありかたに関する心的表示のことであり、必ずしも真である必要はないが、おそらく真であると受け入れられていることがらである。(4)の Mary がギプスで固定した足をあからさまに見せるという特別な手だてこそが意図明示的行為そのものであり、さまざまな想定をもとに Peter は Mary の行為から、「スキー旅行へは行けなかった」「ス

キー旅行は最悪な結果に終わった」などの話し手の意味を導くのである。関連性理論において、発話解釈の仕組みを解明するために取り扱う対象はこうした意図明示的刺激である。

■ 3. 関連性の原理

　認知のプロセスへのインプットとして与えられた意図明示的刺激は、受け手に背景的知識を用いた何らかの解釈を引き起こす。事物や事象を眺める場合、われわれは自分にとって関心のあるものと関心のないものを自動的に区別し、関心のあるものに対して注意を払うことでそこから何かの情報を得ようとする。例えば、グラスを指差すしぐさを見た人は、その刺激と既存の背景的知識（例えば、どのような場合に人はグラスを指差すかなどの知識）を組み合わせることで、ワインがもう一杯ほしいという相手の意図を理解することになる。刺激が背景的知識と結びつき個人にとって重要な結論を導き出す例は、質問の答えを得ることで疑問が解ける、長い間抱いていた疑惑が晴れる、疑念が確実なものになる、誤りが正されるなど日常的に見られる認知プロセスである。例えば、「英語の試験が来週あれば、放課後に図書館で勉強しよう」と考えている人がいたとしよう。「英語の試験はいつあるの？」という質問に対して、「試験は来週ある」という答えが返ってきた場合、その人は「放課後は図書館で勉強しよう」という新たな結論に至るであろう。

　発話解釈の際、想定を用いた認知の仕組みは (8) のように表される。

　　（8）　既存の想定＋意図明示的刺激（新しい想定）→結論

新しい想定がインプットされる前後では、聞き手の認知環境 (cognitive environment) に変化が生じる。認知環境とは、ある時点における個人にとって顕在的な事実の集合（つまり個人の想定の集合）である。注目に値するだけの情報をインプットとして新たな結論に至ることで認知環境が変わることを、認知効果 (cognitive effect) を得ると言い、次の3つのケースがある。

（9） a. 文脈含意の派生 (deriving a contextual implication)
　　　b. 既存の想定の強化 (strengthening an existing assumption)
　　　c. 既存の想定の矛盾と削除 (contradicting and eliminating an existing assumption)

(9a) の文脈含意とは、既存の想定とインプットとしての新しい想定とが組み合わさることで導き出された新しい結論のことである。さらに、(9b) ではインプットされた新しい想定により、既存の想定の蓋然性が高まり、(9c) では逆にそれが間違いであると正され、認知環境から削除されることで、認知効果を得ることになる。(9a-c) のケースを類似の状況を使って説明したものが (10a-c) である。

（10） a. ［雨が降っていたら家にいようと思って起きる］
　　　　既存の想定 (雨が降っていたら家にいよう) ＋ 新しい情報 (窓を開けてみたら、雨が降っている) → 文脈含意 (家にいよう)
　　　b. ［カーテンのむこうで何かが窓を打つ音に目がさめる］
　　　　既存の想定 (雨が降っている) ＋ 新しい情報 (窓を開けてみたら、雨が降っている) → 強化された想定 (やっぱり雨が降っている)
　　　c. ［カーテンのむこうで何かが窓を打つ音に目がさめる］
　　　　既存の想定 (雨が降っている) ＋ 新しい情報 (窓を開けてみたら、落ち葉が窓にあたっている) → 修正された想定 (雨が降っているのではない)

1986年の *Relevance* の初版から 1995年の第二版にかけて、関連性の原理 (Principles of Relevance) は、認知に関わる第一原理 (The First (or Cognitive) Principle of Relevance) と伝達に関わる第二原理 (The Second (or Communicative)

Principle of Relevance) に明確に区別された (pp. 260-266)。認知に関する第一原理 (11) は第二版で加えられたものである。

(11) Human cognition tends to be geared to the maximisation of relevance.

われわれの認知とは関連性が最大になるように (つまり、できるだけ少ない処理労力 (processing effort) で最大の認知効果を得るように) 行われる。処理労力は、インプットを心的に表示し、文脈情報にアクセスし、認知効果を得る際に行う知覚、記憶の呼び出し、推論に要する労力と定義される (Wilson (2002))。この原理により、知覚や推論の方法、あるいは記憶の呼び出しに一般的な傾向があると言える。例えば、物事や事象を知覚する場合には関連性の高い刺激を自動的にインプットとして選択するし、記憶の中から発話解釈に必要な想定を呼び出す場合にも、関連性の高いものを最初に活性化させるであろう。推論を行う場合でも、労力のかからないものから順に試行していくはずである。

一方、伝達に関する第二原理 (12) は、意図明示的伝達行為であれば自動的に最適な関連性の見込み (presumption of optimal relevance) を伝達するというものである。

(12) Every act of ostensive communication communicates a presumption of its own optimal relevance.

最適な関連性の見込みとは、聞き手は処理労力を不当に費やすことなく適切な認知効果が得られるという保証である。発話を認知する場合、処理労力を費やして得られた認知効果は聞き手にとって最大だと感じるものである。聞き手は、その発話は解釈に必要な処理労力に見合う程度に関連性があると考えるものである。一方、発話を伝達する場合、聞き手に (最適とは言えしも) 最大の認知効果が得られると保証することはできない。最適な関連性の見込みの定義は、話し手の伝達に関わる諸事情を考慮するため

に、第二版の後書きで(13)のように具体的に修正されている。

(13) a. The ostensive stimulus is relevant enough for it to be worth the addressee's effort to process it.
b. The ostensive stimulus is the most relevant one compatible with the communicator's abilities and preferences.

(Sperber and Wilson (1995: 270))

(13b)が表しているのは、話し手は最大の関連性をもつ刺激を伝達したいが、話し手の伝達能力や発話選択の選好には限界があるために、常に最大の関連性をもつ刺激を伝達できるとは限らない。したがって、話し手が伝達する意図明示的刺激は、できる範囲内でなるべく関連性が大きくなるように能力を用い、伝達意図を明確にするために選択された刺激であるということである。能力の範囲内というのは、例えば、できるだけ理路整然と伝達しようとすることであり、選好の範囲内というのは、例えば、ポライトネスに反しない程度にできるだけ明確な伝達方法を選ぶことである。[3]

　協力的に会話を押し進めていくというGriceの期待が会話の成功に関するものであるのに対して、関連性の期待はわれわれの伝達と認知の効率に関するものである。関連性の程度は、(14)が示すように、認知効果と認知効果を得るために費やされる処理労力により決まる。

(14) a. *Cognitive effect*
Other things being equal, the greater the cognitive effects, the greater the relevance.
b. *Processing effort*
Other things being equal, the smaller the processing effort, the

---

[3] maximal relevance (最大の関連性) と optimal relevance (最適な関連性) の違いなど、質問応答の形式で行われる Higashimori and Wilson (1996) の議論は、関連性理論の根本的な疑問を解決するのに有益である。

greater the relevance.

(cf. Sperber and Wilson (2004: 609))

発話やその他の意図明示的刺激が聞き手の注意に値するだけの十分な認知効果をもつ場合、その刺激を処理することで得られる認知効果が大きいほど、また認知効果を得るのに必要な処理労力が少ないほど、関連性のある刺激だと言える。この基準によれば、(10)のどの新しい情報も、少ない処理労力により最大の認知効果が得られるという点で、関連性の高い刺激であると言えるだろう。

次に、処理労力と認知効果のバランスと発話の関連性について、具体的に考えてみよう。(15a-c)は医師から患者へ伝えられた診察結果の例である。

(15) a. You are ill.
 b. You have flu.
 c. It's not the case that you don't have flu. (Wilson (2002))

この問題について、発話の意図明示性の観点から次のような説明が可能である。まず、(15a)と(15b)を比べてみよう。(15a)に関して、通常のコンテクストでは、医師はその診断内容を患者に伝達したいという意図があるとは考えられない。伝えたい情報とは言えず、かつ情報伝達の意図もない伝達行為(15a)に対して、患者がいくら処理労力を費やして何かの結論を見い出そうとしても、認知効果を得ることはできない。通院という行動から考えて、患者はすでに自分の体調や病状に関する想定をもっているだろうが、それは単に自分は病気だという想定ではないので、その想定が(15a)により強化されることはない。これに対して、患者が(15b)を発話解釈のインプットとする場合、インフルエンザという病名を聞いてそれまでの疑心は確信に変わり、次にとるべき治療方法が結論として導かれるという点において、(15b)は関連性の高い発話だと言える。次に、真理条件的意味は同じであるが表現形式が異なる(15b)と(15c)を比べた場合、(15c)は(15b)

に比べて表現が冗長であり、発話の意味解釈には相対的に過分な処理労力が必要になる。同じ認知効果を得るのであれば、費やされる処理労力が少ない(15b)の方が関連性は高いと言える。過分な処理労力を必要とする(15c)が関連性の高い発話であるためには、処理労力の多さに見合ったぶんだけ(15b)よりも多い認知効果を期待させ、(15b)では伝達されない追加的な意味を医師が伝達しようとしていたことが明らかにならなくてはならない。

■4. 明示的伝達と暗示的伝達の区別

　Griceを始めとする語用論では、明示的に伝達される発話の意味は、符号化された意味の解読(decoding)と曖昧性の除去(disambiguation)および指示付与(reference assignment)という過程により復元されると考えられており、語用論的推論により導かれる意味のすべてを含意(implicature)として取り扱ってきた。従来の語用論における言われていること(what is said)と含意されていること(what is implicated)の区別に対して、関連性理論は明示的伝達(explicit communication)と暗示的伝達(implicit communication)の間に明確な一線を引く。発話により明示的に伝達される意味は表意(explicature)、暗示的に伝達される意味は推意(implicature)と呼ばれる。Carston (2002: 377)は、表意と推意を、次のように定義している。

(16) a. Explicit communication (explicature):
an ostensively communicated assumption which is inferentially developed from one of the incomplete conceptual representations (logical forms) encoded by the utterance
b. Implicit communication (implicature):
an ostensively communicated assumptions which is not an explicature; that is, a communicated assumption which is derived solely via processes of pragmatic inference

表意は言語表現に符号化された不完全な論理形式(logical form)が推論により

拡充された明示的な意味であり、推意は推論のみにより派生された明示的な意味である。どちらの意味の構築に関しても推論が用いられるが、発話の意味解釈において目的が異なっている。表意の拡充には、論理形式だけでは意味の確定ができないために、それを話し手が意図した表出命題 (proposition expressed)（論理形式を発展させることで復元される命題）へと特定化する推論が必要である。一方、推意の派生には、その表出命題とさまざまな文脈想定を用いて、伝達された意味を確定するための推論が必要である。

図1は、従来の語用論と関連性理論における意味の区別、および意味が算出される作業の相違をまとめたものである。上段がGriceを始めとする語用論における意味の区別、下段が関連性理論による意味の区別、中段の表は意味の拡充に関わる推論の目的を表したものである。[4]

図1

言われていること	含意されていること	
⇧	⇧	⇧
曖昧性の除去と指示付与	明示的意味に拡充するための語用論的推論	伝達された暗示的意味を導出するための語用論的推論
⇩	⇩	⇩
表　　意		推　意

関連性理論ではこれまで十分に説明がなされてこなかった発話の明示的な意味について詳述し、解読された発話の意味から推意の派生にいたる発話解釈の過程の中で、語用論的推論はどの段階においても常に関わっていることを指摘する。発話の意味解釈における表意の復元に必要な作業として、曖昧性の除去以外にも(17)のような方法が考えられる（指示付与は(17a)の飽和の一例として捉え直すことができる）。

---

[4] 言われていること、表意、推意などをめぐる語用論者の意味の区別の相違については、児玉 (2003) においてまとめられている。Griceおよび新Grice派の意味の区別と関連性理論における意味の区別については、第2章で詳細に議論する。

13

(17)　a.　飽和（saturation）
　　　　b.　自由拡充（free enrichment）
　　　　c.　アドホック概念形成（*ad hoc* concept formation）

　飽和とは、発話の論理形式が言語的指示により補充されることで表意を復元する方法である。例えば、(18) においては、統語的省略 (syntactic ellipsis) である "won't" は、それ自体が明示的な指標として、コンテクストにより補充される想定へのアクセスを容易にしている。

(18)　Mary will come to the meeting tomorrow, but Bill *won't*.

しかし、非明示項の補充のヒントとしての指標の明示性には程度がある。(19a-e) は Carston (2000: 3) の例である。

(19)　a.　Paracetamol is *better*. [than what?]
　　　　b.　It's the *same*. [as what?]
　　　　c.　He is *too* young. [for what?]
　　　　d.　It's hot *enough*. [for what?]
　　　　e.　I like *Sally's* shoes. [shoes in what relation to Sally?]

(19) において、"better"、"same"、"too *x*"、"*x* enough"、"Sally's" などの言語表現がコンテクストにおける意味の補充を促す指標として機能してはいるが、それはいわば隠れた指標であり、括弧内の項がコンテクストにより補充されなくてはならない。例えば、(19c) の「彼は若すぎる」という文の論理形式「彼は [...するには] 若すぎる」には括弧内のスロットが含まれており、コンテクストに応じて補充されることで、具体的に「彼は結婚するには若すぎる」や「彼は会社を継ぐには若すぎる」などの表意が復元されることになる。論理形式のスロットを補充する理由は、真偽を問うこ

とができる命題内容にまで拡充するためである。

これに対して、自由拡充とは、構成要素の補充を示す言語表現がないにも関わらず、コンテクストに応じて概念が付加されることで表意へと語用論的に拡充するやり方である。言語的制御が自由なこの拡充プロセスの例として、(20) の Carston (2000, 2002) の例を挙げよう。括弧内の要素は解釈の際に付加される概念表示を表す。

(20) a. It's snowing [in Kathmandu].
  b. I've got nothing [appropriate] to wear to the party.
  c. You can enter the club if you're [at least] 18.
  d. He handed her the scalpel and [then] she made the incision.
  e. There were [approximately] 50 people in the queue.

これらの例は指示付与を行なうだけで発話の真偽を問うことができる命題となるが、そうした最小命題 (minimal proposition) では、多くの場合、最適な関連性の見込みを満たすことはできない。関連性のある発話であるために、(20a) では、コンテクスト情報として場所が特定されている。追加される概念は、当然と思われる想定(出来事が成り立つスクリプト)と照らし合わせることで拡充されるものであろう。例えば、パーティーへ着ていく服を一着も持たないとは考えにくいし(20b)、入場可能な最低年齢はそれ以上の年齢の入場を可能にし(20c)、手術のプロセスに関する手順が容易に呼びだされ(20d)、列に並ぶ人の数を正確に数えることが関連性が高い場合は日常的にまれである(20e)。

符号化された意味に概念を加えるこれらの方法に対して、アドホック概念形成とは、言語にコード化された概念そのものが、コンテクストにおいて語用論的に調整されることにより表意が形成されるプロセスである。Carston (2000, 2002) の例を見てみよう。

(21) a. Mary is *happy/ tired*.

b. I want to meet some *bachelors*.

c. Tom has a *brain*.

d. Holland's *flat*.

e. This steak is *raw*.

f. Mary is a *bulldozer*.

アドホック概念形成は、概念の狭化 (narrowing) と緩和 (loosening) により行なわれる。(21a-c) では、符号化された概念 (イタリック体) が狭化されている。(21a) の "happy"、"tired" 自体は一般的な「幸福」や「疲労」の意味を語彙化しているが、特定のコンテクスト (メアリーが「幸福感」や「疲労感」を感じる特定の対象) に応じて、その概念は狭化されて用いられている。同様に、(21b, c) では、符号化された概念である「独身」、「脳」から、それぞれ「結婚する相手として年齢や条件が相応しい独身」、「優秀な頭脳」へと意味が絞り込まれる。一方、符号化された概念は、(21d-f) のように緩和の方向へ向かうこともある。(21d, e) においては、それぞれ「平地」、「なま」という符号化された概念が「平地が多い」、「焼き方が足りない」などの概念へとアドホックに拡張されている。(21f) のメタファーの解釈は、ブルドーザーが持つ特徴の一部が人間の特徴として写像されるという点において対象領域の緩和のプロセスを含んでいる。

■5. 発話解釈のオンライン過程

　関連性理論は Fodor (1983) の心のモジュール性を取り込んだ認知理論である。その枠組みの中で、言語や知覚のモジュールをなした入力系 (input system) で取り込まれた意図明示的刺激としての言語的および非言語的情報は、概念表示という形で中央系 (central system) にて処理される。言語モジュールではそうした刺激が論理形式に解読されるが、話し手が伝達しようとした発話の意味を十分に伝えてはいないために、語用論的推論の役割が大きい。そのために、特定化されていない中央系に語用論的解釈に特化したモジュールを想定する方向へと議論は進んでいる (cf. Sperber and

Wilson (2002))。

　このように、発話解釈はオンライン過程としての解読過程と推論過程から成り立っている。解読過程において音韻的、意味的、統語的に解読された発話の不確定な意味（論理形式）は語用論的推論過程へのインプットとなり、コンテクストの情報により表意へと拡充されることで、話し手の伝達意図に関する仮説が作り上げられることになる。

　関連性理論において、コンテクストあるいはコンテクストの情報とは、あらかじめ用意されているテキスト上の言語情報でも、物理的状況から読み取れる言語外の情報でもない。むしろ、言語や知覚などの意図明示的刺激がインプットされた際に、それらの新しい刺激を処理するために、心的に表示された想定の集合である。実際に、意図された解釈あるいは認知効果を得るために、その中の想定の一部が関連性の見込みのもとで聞き手により選択され、呼び出されることになる。

　それでは、(22)を用いて、発話の論理形式から、表意の拡充、推意の派生という一連のオンライン過程を例証してみたい。

(22)　Sam:　When is John going to repay me the money he owes me?
　　　Mary:　You don't have to worry about it. He went to the bank.

ここでの議論の対象となる Mary の発話 "He went to the bank." は、John にお金を貸している Sam にとって意図明示的であると捉えられ、最適な関連性の見込みを伝達していると言える。Mary の発話の内容が Sam にとっては単なる John の行動の報告ではなく、気掛かりなこと（John からの借金の返済）を解決する答えを示唆していると考えるだけの関連性を期待できるからである。真理条件的意味論では、文の意味は文の真理条件と同じであり、語の意味というものはその語を含む文の真理条件に寄与する。しかし、Mary が使ったこの文は、文法のアウトプットとして(23)のような論理形式をしているため、このままでは真理条件を問うことはできない。

(23)　He*x* went to the bank*y* at time*z*.

Sam は、Mary の発話の解釈の第一歩として、*x*、*y*、*z* で記された不確定な項にコンテクストから選ばれた値を埋めなくてはならない。その結果、先行発話の情報から "he" の指示対象を確定したり、会話の話題から "bank" の意味が 'earth bank' ではなく 'banking institution' であると曖昧性を除去したり、いつのことであるのかを特定化する推論作業を経て、"He went to the bank." の表意 (24) が構築される。

(24)　John went to the bank [banking institution] just now.

発話解釈の第二段階として、表意 (24) から推意を導出するために、銀行に関するフレーム的知識 (25) が文脈想定として呼び出される。さらに、その一般的想定は、Sam は John に貸した金を返済してほしいと思っているというコンテクストの情報をもとに、「銀行からお金を引き出すことにより、借りたお金を返すことができる」のような文脈想定 (26) を呼び出すことになる。

(25)　One of the reasons for going to the bank is to withdraw money.

(26)　Withdrawing money from the bank may make one able to repay the money one owes.

呼び出された想定 (25)、(26) は推意前提 (implicated premise) として、発話解釈の推論に加わることで、最終的に (27) のような強い推意 (strong implicature) が推意結論 (implicated conclusion) として導き出される。

(27)　John will repay Sam the money he owes him soon because he went to the bank just now.

さらに、(27)にその他の想定（例えば、「Sam自身に今買いたいものがあるかもしれない」など）が加わることで、(28)のような弱い推意（weak implicature）を得ることもできる。

(28) Sam is probably going to use the money for something he needs.

知覚、推論の働きや記憶の呼び出しと同様に、発話の表意を構築し推意を導出する際に行われる文脈想定の呼び出しにも、関連性の原理が関わっている。(29)は認知に関わる第一原理に基づく解釈の手順を表したものである。

(29) *Relevance-theoretic comprehension procedure*: follow a path of least effort in computing cognitive effects.
 (a) Consider interpretations in order of accessibility.
  Test interpretive hypotheses (disambiguations, reference resolutions, implicatures, etc.) in order of accessibility.
 (b) Stop when your expectation of relevance is satisfied.
(cf. Wilson (2000: 420-421))

この手順は、発話解釈の際に費やされる処理労力が少ない、呼び出し可能性（accessibility）が高い仮説から順に試し、関連性の期待が満足されれば（つまり、できるだけ少ない処理労力で最大の認知効果が得られたと思えば）そこで発話解釈を終了せよというものである。解釈の仮説は同時にいくつも試されるのではなく、関連性の原理が呼び出し易さの順序を決めていると言えよう。

さらに、この手順は、文脈想定の呼び出し可能性の程度には本質的に差があり、呼び出し易さの順に発話解釈に用いられることを示唆している。それでは、(22)のMaryの発話"He went to the bank."の意味解釈に関わる文脈想定の呼び出し易さの順序について考えてみよう。より、符号化された意味の解読後に表意が復元される場合、発話や場面に関する文脈想定が最

初に呼び出される。そこでは、先行談話や発話の場面に関する直接的な情報から代名詞の指示対象の確定（指示付与）、曖昧な語彙の意味を特定する作業（曖昧性の除去）、経験的に妥当な意味の補充などの推論的意味拡充が行われる（(24)を参照）。こうした発話や場面に関する文脈想定を呼び出す際に必要な労力はさほど大きいものではない。さらに、表意を推意へと意味拡充するための文脈想定として、フレームなどの共有された典型的な知識、会話参与者や当該の状況に関わるコンテクストの情報の順に呼び出される（それぞれ、(25)、(26)を参照）。

　(27)と(28)の推意（推意結論）の強弱は、聞き手Samが用いる文脈想定（推意前提）に対する話し手Maryの確信の度合いと無関係ではないであろう。銀行に関するフレーム的知識(25)やそれに関連する想定(26)に対するMaryの確信の度合いは高いと考えられる。(25)と(26)の想定は誰の頭にも即座に思い浮かぶ一般的な知識であるために、(27)はそれらを用いて高い確率で算出されるという意味で強い推意だと言える。一方、「Samには今買いたいものがある」というSamの心的状況に関する想定へのMaryの確信度は、それがあくまでも予測である限り、決して高いとは言えない。したがって、(28)はMaryが伝達したかった推意であるという可能性も低い。推意の強弱の観点から、文脈想定は話し手の確信度が高いと聞き手が判断する順に呼び出されると考えることもできよう。

　関連性理論は、意味論の射程領域である符号化された意味の解読の役割を最小限に捉え、語用論による推論的意味拡充への貢献を最大限に考える。図1が示すように、語用論的推論は、表意の構築の段階から関わることで、符号化された意味の解読、表意の構築、推意の派生が心的オンライン作業として発話の意味解釈に用いられる。語用論的推論が2通りに関わるのは、推論に用いられる文脈想定の呼び出し易さの順に発話解釈に用いられることを示唆している。

■6. 言語表現に符号化された情報のタイプ

　発話解釈において、実質語（content word）は概念（concept）をもち、それ

を含む発話の真理条件に貢献するという明確な形で関わる。しかし、言語に符号化された情報の意味を考える場合、符号化された意味と発話の真理条件 (truth condition) への貢献とは異なるレベルの問題である。以下では、実質語以外のさまざまな言語表現として、文副詞 (sentential adverb)、挿入動詞句、談話連結語 (discourse connective)、代名詞について、符号化されている意味と発話の真理条件への貢献の点から整理してみよう。

(30) は Ifantidou-Trouki (1993) および Ifantidou (2001) による文副詞の分類である。

　(30)　a.　証拠副詞 (話し手の発言の根拠の度合いを示す副詞)：
　　　　　　evidently、obviously、clearly など
　　　　b.　伝聞副詞 (話し手以外に情報源があることを示す副詞)：
　　　　　　allegedly、reportedly など
　　　　c.　発話行為副詞 (非明示的な発話行為動詞を修飾する副詞)：
　　　　　　frankly、confidentially、seriously など
　　　　d.　態度副詞 (発言への話し手の態度を示す副詞)：
　　　　　　unfortunately、happily、sadly など

さらに、I wonder、I fear、I suppose、I think などの挿入動詞句の意味の考察 (cf. Rouchota (1998a), Ifantidou (2001)) を加えて、それぞれの概念性と真理条件性について考えてみよう。

まず、文副詞、挿入動詞句に符号化されているのは概念である。4つの文副詞 (31a, b) と挿入動詞句 (31c) の例を見てみよう。

　(31)　a.　Frankly/Unfortunately, Peter can't help you.
　　　　b.　Clearly/Reportedly, Peter can't help you.
　　　　c.　Peter can't help you, I think.

言語表現が概念を符号化していれば、その使用に対して話し手は嘘である（untruthful）と非難を受けることが可能になる。文副詞や挿入動詞句の概念性は、(31a-c)に続いて、(32a-c)のように文副詞や挿入動詞句の誤った使い方を正せることで判断できる。[5]

(32) a. That's not true. He was not being frank. Rather, he was so reluctant. / It's not unfortunate but fortunate. I don't like Peter.
b. That's not true. It is not clear/reported that he can't help me.
c. That's not true. You don't think of anything of the sort.

しかし、(32)のようにすべて概念を符号化しているとは言え、発話のどのような意味を符号化しているかを詳細に考える必要がある。証拠副詞 clearly や伝聞副詞 reportedly が使われた(31b)は、"It is clear / reported that Peter can't help you." と言い換えられることから、表出命題の構成要素を構成していると言える。それに対して、発話行為副詞 frankly や態度副詞 unfortunately、挿入動詞句 I think は、(33)のように埋め込まれた命題に対する話し手の命題態度や発話行為あるいはその他のコメントなどを記述する高次表意（higher-level explicature）を構成していると言える。

(33) a. I am telling you frankly that Peter can't help you.
b. It is unfortunate to inform you that Peter can't help you.
c. I think that Peter can't help you.

次に、発話の真理条件への貢献に関して比較してみよう。語彙項目が発話の真理条件に貢献するかどうかは、条件文の前件に埋め込むことでテス

---

[5] 意味合成規則（compositional semantic rule）を受けることも語彙情報が概念を符号化している証拠となる（cf. Wilson and Sperber (1993: 8)、Ifantidou (2001: 114)）。例えば、frankly speaking、very clearly、now reportedly、unfortunately or not などは文副詞が概念を符号化している証拠である。

トできる。(34) の証拠副詞 clearly と伝聞副詞 reportedly を含む発話を、(35) のように if 節にテクニカルに埋め込んだ場合、前件のどの部分が真であれば後件が真であると話し手は考えているだろうか。

(34) Clearly/Reportedly, Bill has cheated in the exams.

(35) a. If clearly Bill has cheated in the exams, the teacher should make an inquiry.
b. If reportedly Bill has cheated in the exams, the teacher should make an inquiry.

(35a) の話し手の主張 "the teacher should make an inquiry" の条件となるのは、前件の中の "Bill has cheated in the exams" が真である場合か、あるいは "It is clear that Bill has cheated in the exams" が真である場合であるかを考えた時、明らかに後者である。同様に、(35b) の話し手の主張の条件となるのも、"It is reported that Bill has cheated in the exams" が真である場合である。以上から、証拠副詞と伝聞副詞は、それが含まれる発話の真理条件に貢献していることがわかる。

それに対して、発話行為副詞 confidentially と態度副詞 unfortunately、挿入動詞句 I think は発話の真理条件には貢献しない。(36) を (37) のように if 節に埋め込んで考えてみよう。

(36) a. Confidentially/Unfortunately, Mary has missed the deadline.
b. Mary has missed the deadline, I think.

(37) a. If confidentially Mary has missed the deadline, we cannot give her credits.
b. If unfortunately Mary has missed the deadline, we cannot give her credits.

　　　　　c. If Mary has missed the deadline, I think, we cannot give her credits.

（37a-c）において、後件の「われわれはメアリーに単位は与えることはできない」という命題が真となるのは、「メアリーが締め切りに遅れた」ことが真である場合であり、内々にそう述べたり、残念な態度でそう述べたり、話し手がそう思っているからではない。

　一方、代名詞は、表出命題への手続きを符号化し、発話の真理条件に貢献する。Wilson and Sperber (1993: 28) の例（38）を見てみよう。

　　（38）　I do not exist.

仮に一人称代名詞"I"が"the speaker"のような概念を符号化し、そこで解釈が終わるとすると聞き手は永遠にそれが誰であるのかわからないことになる。むしろ、代名詞は、発話の表出命題の一部としての意図された指示対象である人やものを確定する指図を符号化しており、それにより真理条件を問うことができる発話の表意形成への制約を符号化している。したがって、"I"や他の代名詞は真理条件的であり、かつ手続き的であると言える。しかし、全くの手続き的表現であるとは言えないようである。例えば、"A: He likes window shopping. B: No, that's not true. His wife likes window shopping."のような"He"の使い方に対して偽だと問えることから、代名詞は概念を符号化していないという定義は強すぎるように思われる。[6]

　最後に、活発に議論されている談話連結語について考えてみよう。英語の談話連結語 so、after all、therefore、moreover などは、概念表示の構成要素を符号化するのではなく、発話の意図された解釈に到達するために聞き手が行なわなくてはならない語用論的推論のタイプを示すための手続きを符号化していると考えられる。so に符号化された手続き的制約を見てみよう。

---

[6]　Hedley (2005a: 49) は代名詞を"pro-concept"と呼んでいる。

（39） Peter's not so stupid; *so* he can find his own way home.

発話の解釈には概念的情報（発話の表出命題を構成する情報）と手続き的情報（表意や推意を構築するための語用論的推論への制約）の双方が関わっている。(39) において、so は、先行節 "Peter's not so stupid" により伝達される概念表示と後行節 "he can find his own way home" により伝達される概念表示を推論的に結びつけ、発話の意図された解釈へと聞き手を導くように働いている。so により符号化された手続き的情報は、「後行節は先行節の結論であると処理せよ」というものである。しかし、談話連結語すべてが手続き的意味を符号化しているというわけではない。例えば、that is (to say)、namely、in other words のような言い換え標識（reformulation marker）(cf. Blakemore (1996)) は発話の高次表意の構成要素となる概念の形成を符号化していると言える。[7]

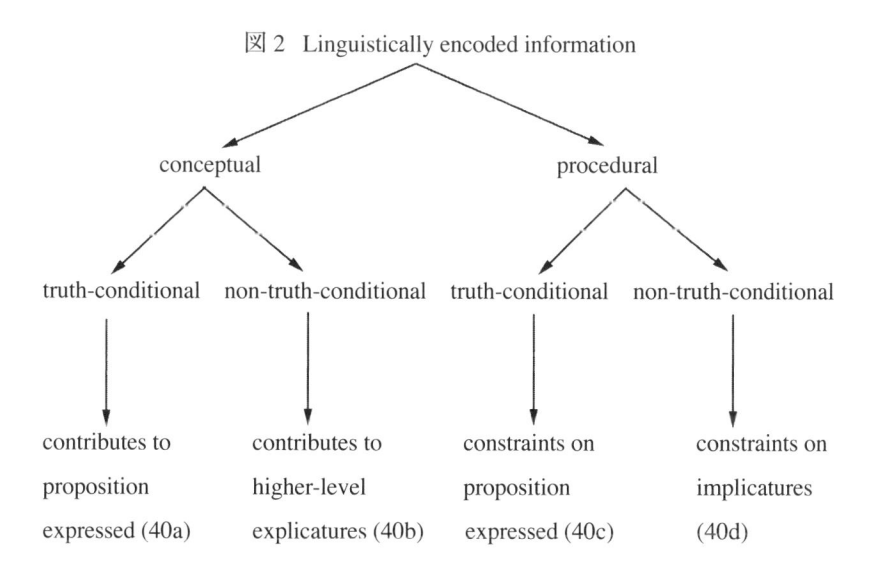

図 2　Linguistically encoded information

```
              Linguistically encoded information
                 /                        \
          conceptual                   procedural
           /        \                   /         \
truth-conditional  non-truth-conditional  truth-conditional  non-truth-conditional
     |                   |                    |                    |
contributes to      contributes to        constraints on       constraints on
proposition         higher-level          proposition          implicatures
expressed (40a)     explicatures (40b)    expressed (40c)      (40d)
```

[7] 日本語の接続表現「だから」が符号化する高次表意の構築に関する手続き的制約については Matsui (2002) を参照のこと。

図2および(40)は、言語表現に符号化された情報についてのこれまでの議論をまとめたものである。

(40) a. 表出命題の構成要素となる概念の符号化／発話の真理条件に貢献する：実質語、証拠副詞や伝聞副詞のような文副詞
b. 高次表意の構成要素となる概念の符号化／発話の真理条件には貢献しない：発話行為副詞や態度副詞のような文副詞、挿入動詞句、言い換え標識
c. 表出命題への制約を課す手続きの符号化／発話の真理条件に貢献する：代名詞
d. 推意へ制約を課す手続きの符号化／発話の真理条件には貢献しない：so、but、after all、moreover などの談話連結語

■ 7. 談話連結語と発話解釈への手続き

so、after all、therefore、moreover などの談話連結語の発話解釈における役割について、談話的アプローチと関連性理論のアプローチは異なるものである。談話的アプローチにおいて、談話とは言語的コンテクストに制限された話し言葉や書き言葉のテキストだと考えられる。それゆえ、談話連結語は本質的に先行談話とテキストの結束関係(coherence)を示すことにより、テキストの解釈に貢献する言語表現である。こうしたアプローチにおいての著名な研究は Schiffrin (1987) であり、談話連結語は話の順番に関わる exchange structure や会話参与者の行為と関連した action structure などの5つの異なるレベルの談話構造において機能すると述べられている。したがって、談話の結束性は、談話連結語が近接した談話の言語単位を結びつける構造的役割により保たれると言える。一方、Fraser (1996, 1999) はこうした機能的アプローチとは異なり、談話連結語とは、聞き手に談話の2つの単位の関係の解釈の仕方を指図する糸口としての語用論的役割を果たすと考える。しかし、それは、テキストの結束性を確立することに貢献するという意味での語用論的役割を述べたものにすぎない。また、談話連結

語は、それがなくとも談話の文法性や文の知的意味に影響を与えることはない点で統語的に選択的であり (cf. Brinton (1996: 267))、それを含む文の意味内容の一部ではないために意味的にも選択的であると議論される (cf. Brinton (1996: 266)、Fraser (1996: 169))。

　一方、関連性理論における手続き的アプローチでは、談話連結語の役割は発話同士の関係の明示化というよりも、それを含む発話が解釈されるコンテクストの範囲を制限することにある。言い換えれば、談話連結語は、関連性が最適な解釈に至るために聞き手が立てる仮説の範囲に制限を加えることにより、発話解釈に関わる聞き手の労力を少なくしている (cf. Wilson and Sperber (1993: 21))。[8]

　談話連結語の意味の分析において、関連性理論が提示する手続き的説明は談話の結束に基づく説明よりも有効である。談話的アプローチでは、談話とは話し言葉や書き言葉のテクストであるため、コンテクストは言語的コンテクストのみに制限される。それゆえ、談話連結語は言語的コンテクストにおいて現発話と先行談話の関係を明示することにより談話の結びつきに貢献する。こうした説明において、談話連結語の重要な役割は、2つのテキストの間に成立している特定の結束関係を確定することにある (cf. Schourup (1999: 204))。しかし、談話の結束性をもとにした説明では、談話のユニットの間の結束関係に重きを置くあまり、(41)、(42)のように先行節が言語的に明示化されていない談話冒頭での用法が説明できない。

(41)　[Hearer (who is driving) makes a left turn]
　　　So we're not going past the university (then/after all).

(Blakemore (1992: 139))

---

[8] 本節の目的は、結束性および関連性に基づく談話連結語そのものの議論ではない。異なる枠組みによる談話連結語の意味と機能の概観については Schourup (1999)、Blakemore (2004) を、結束性と関連性の論争については Giora (1997)、Willson (1998) を参照のこと。

(42) [The communicator takes an extremely large slice of cake]
After all, it is my birthday.　　　　　(Blakemore (1996: 338))

しかし、手続き的分析の利点の一つとして、so や after all のような談話連結語は手続きという推論への制約を符号化していると考えることで、(41) や (42) のような例をも説明することができる。関連性理論において、手続きが発話解釈に与える推論の制約は概念表示の推論的結合である。そのため、その推論的結合に用いられる概念表示は呼び出された文脈想定だと考えられ、(41) では「車が左折をしたこと」、(42) では「話し手がいつもよりかなり大きめのケーキを手にしたこと」と談話連結語に後続する節の想定が、推論により結合されていると考えることができる。したがって、(41) の場合の so も、(39) と同様の手続き的制約を符号化していると考えられる (after all の手続き的意味は第 4 章を参照のこと)。

　第二の利点として、手続き的意味の違いにより、認知効果への関わりが類似している談話連結語の細やかな意味の差異を説明することが可能になる。談話的アプローチによる結束関係に基づく分類は、同じ結束のカテゴリーに属する談話連結語の意味の間の微妙な差異を反映してはいない (cf. Blakemore (2002: 170)、Blakemore (2004: 235))。実際に、therefore と so の間の因果関係の差異を説明しようとした場合、先行発話の有無や文脈含意の派生に関わる推論の違いとして分析が可能である (cf. Blakemore (1988: 188-189))。また、after all と等意と見なされがちな because は、概念を符号化している (cf. Rouchota (1998a: 34-35)) ため、両者の意味の差異を適切に説明することができる。[9] さらに、but、nevertheless、however のような逆接関係の差異、つまり Blakemore (2000, 2002, 2003) で議論されているいわゆる

---

[9] 原因と結果の概念関係を表す日本語助詞「ので」と「から」の意味の違いも手続きによる説明が可能である。前者が先行節に焦点化された情報であると処理すること、後者が背景的情報として処理することを聞き手に指図するという違いに集約できる (cf. Takeuchi (1998))。

but/however/nevertheless 問題についても、先行発話の矛盾と削除という認知効果を共有しているように見えながら、微妙にその手続きに違いあることがわかる。Blakemore (2002) の下記の分布を見てみよう。

(43)　A:　She's had a very difficult time this semester.
　　　B:　a. But I think she should hand in some of the work.
　　　　　b. However, I think she should hand in some of the work.
　　　　　c. Nevertheless, I think she should hand in some of the work.

(44)　A:　Have you got my paper?
　　　B:　a. Yes, but the last page is missing.
　　　　　b. Yes, however, the last page is missing.
　　　　　c. Yes. ? Nevertheless, the last page is missing.

(45)　[speaker, who is in shock, is given a whisky]
　　　a.　But I don't drink.
　　　b.　? However, I don't drink.
　　　c.　? Nevertheless, I don't drink.

　but の使用に関して、(43Ba) では「(厳しそうだから)今学期の提出は不要である」、(44Ba) では「(送付する論文だから)ページはすべてそろっている」、(45a) では「(激しく動揺しているので)話し手はウィスキーでも飲んだら落ち着くだろう」といった呼び出し可能な想定との矛盾と削除が満たされるだけでよいことがわかる。but と however は意図された認知効果への制約 (constraint on cognitive effect) を符号化している点では同じである。しかし、however の使用には、(45b) から、矛盾し削除される想定が伝達されているコンテクストも必要であることがわかる。一方、nevertheless は、もっぱら意図されたコンテクストへの制約 (constraint on context) を符号化している。nevertheless は修辞的なコンテクストを構築し、先行発話から導

かれる問いの答えが後続節と矛盾し削除されるというものである。例えば、(43Bc)では、先行発話(43A)から導かれた「作品の提出が免除(あるいは延期)になりうるだろうか」という問いに対する「免除(あるいは延期)を認めてあげるべきだ」という答えが、neverthelessに後続する節と矛盾し削除される。それに対して、(44Bc)では、発話A「あなたは私の論文を読んでくれただろうか」という問いに対する答えである"Yes."(つまり、「読んだ」ということ)はneverthelessの後続節と矛盾・削除の関係にない。求められるコンテクストを構築することができないため、neverthelessの容認性は低い。また、(45c)での容認性が低いのは、問い自体が構築されないためである。この分布により、but、however、neverthelessの順に生起するコンテクストへの制約が強くなり、次のようにその手続き的意味を区別することができる(cf. Blakemore (2003))。[10]

(46) a. but：意図された認知効果への制約／呼び出し可能な想定の矛盾と削除
b. however：意図された認知効果への制約および意図されたコンテクストへの制約／呼び出し可能な想定の矛盾と削除にいたる推論へ聞き手を導き、その想定は関連性の保証を伴う伝達された想定でなくてはならない
c. nevertheless：意図されたコンテクストへの制約／neverthelessが導く発話が関連性のあるコンテクスト(つまり、nevertheless発話により伝達される想定が、先行発話により明示・非明示を問わず生じる質問への答えとなる想定を削除するコンテクスト)を構築する

このように、類似的意味をもつこれら3つの談話連結語を考察するだけでも、手続き的表現が発話解釈に課す制約は複雑であることがわかる。こ

---

[10] but/however/nevertheless問題についての解説は武内(2003: 38-39)が詳しい。

れは、手続き的意味が意図された認知効果に関する情報だけではないという手続きの広がりを示すものであり、「手続き的制約は、言語表現や構造がそれを含む発話の解釈に関わる推論の情報を符号化するあらゆるやり方を捉えるものである」という Blakemore (2002: 98) の見方へと広がりを見せている。

■ 8. but の手続き的意味の一義的説明

　談話連結語が符号化する意味の定義に関して、手続き的意味は一義的であるとする見方が一般的である。そうした見方の根底には、言語表現が符号化する意味は必要以上に多義化するべきではないという「修正オッカムの剃刀 (Modified Occam's Razor)」(Grice (1989: 47)) や語彙的情報の解読、記憶、および想起に関わる認知の経済性 (cognitive economy) が関わっている。一義的説明において、言語表現が符号化する意味は一つであるが、独立に動機づけられた語用論的原理との相互作用により多様な意味をもつことが説明される。

　一義的説明への方向性は、一連の but の手続き的説明にも修正を加えるものである。Blakemore (1989, 1992) では、but は、(47a-c) のように、期待の否定 (denial of expectation)、対比 (contrast)、反論 (objection) などの意味が符号化されていると説明された。

(47)　a.　John is a Republican *but* he is honest. ('denial of expectation' use)

(Blakemore (1989: 26))

　　　b.　Susan is tall *but* Mary is short. ('contrast' use)

(Blakemore (1989: 28))

　　　c.　A:　If we get off the bus at St. Peter's Square, it's only a few minutes' walk to Kendalls.

　　　　　B:　*But* I wanted to go to Debenhams first. ('objection' use)

(Blakemore (2000: 473))

その後、but の手続きの一義的説明が Blakemore (2002: 100-103) において行われ、その唯一の意味を、「先行節の推意と後続節の命題が矛盾し、前者の想定を削除する推論を活性化させること」に統一している。これに対して、Hall (2007) は、従来の 'denial of expectation' use の例として取り上げられてきた (48a) に対して、Blakemore の矛盾と削除による分析は説明力を欠いたものであると考える。

　　(48)　a.　It's raining *but* I'm going out.
　　　　　b.　The speaker is not going out.
　　　　　c.　People don't usually go out when it's raining.

(Hall (2007: 168))

　矛盾と削除による説明では、(48a) の先行節 "It's raining" と推意前提 (48c) から派生する推意結論 (48b)「話し手は外出しないだろう」が、(48a) の後続節と矛盾し削除されることになる。しかし、後続節と矛盾する想定 (48b) は、聞き手が信じている可能性が高い期待されている想定とは言えず、(48c) とともに発話解釈において単に際立ち (salience) が与えられる想定にすぎない。そもそも期待される想定との矛盾が成立しないのであれば、Blakemore の定義は強すぎるものになる。こうした観点から、Hall は but の手続き的意味を「but 節の命題が先行節から始まる推論の流れを断ち切る」という指図にあるという修正案を提示している (p.168)。(48a) の先行節は、雨の日に人がよく行なうことに関するさまざまな想定を含むスクリプトを活性化させる。(48b) はその中から容易に呼び出される結論であり、but はその結論が導かれる推論の流れを断ち切る手続きを符号化している。

　このように考えると、(47a) において、推意前提 "Most Republicans are dishonest." も、その想定と先行節から導かれる推意結論 "John is dishonest." も、聞き手が保持していると期待される想定として考える必要はない。but 節は単に先行節からの推論の流れ (推意前提から推意結論への派生) を遮断していると考えることができる。さらに、'contrast' use の例 (47b) は、

Blakemore の従来の定義が最も当てはめにくく、Hall が提示した新たな定義が最も理解し易い例であろう。2つの節は異なる主語からなり、先行節から推意されるどのような想定も but 節の想定と矛盾し削除されるとは考え難い（"Susan is tall." から "Mary is also tall." などのような推意結論を導きだすコンテクストの構築は難しいであろう）。言い換えれば、先行節から生じる推論の流れを特定することはできず、先行節からどのような推意が導かれ推論の流れを形成しようとしても、but 節の想定に遮断されると言える。(47c) の 'objection' use では、先行発話の反論として but 節が用いられている。この例では、but が先行節「Kendalls まで徒歩で数分しかかからない」という主張を打ち消すことで、先行節から生じるいかなる推論も断ち切っていると言える。Hall の定義は、確定できない推論の流れに対しても説明が可能である。

　結束関係の分類に基づく談話的説明よりも、手続き的説明のほうが談話連結語を詳細にかつ弁別的に説明できるが、それは手続き自体の定義の広がりによってさらに説明力が増したと言える。しかし、手続きの広がりは手続き的説明自体を複雑にするものであってはならないであろう。ひとつの談話連結語が符号化する手続きは一義であると捉える認知の経済性は、関連性理論の枠組みでの認知システムのあり方と矛盾するものではない。

第2章

グライスとレビンソンの会話の含意をめぐって

この章では、まず、Grice の会話の含意(一般化された会話の含意と特殊化された会話の含意)、および Q 含意、M 含意、I 含意からなる Levinson の一般化された会話の含意の体系化について概観する。さらに、Grice と Levinson の会話の含意理論に対して、関連性理論が提示する発話解釈論を明確にしたい。[1]

■ 1. グライスの会話の含意

1.1 協調の原理

自然言語において、発話された言語形式の字義どおりの意味と話し手が意図した意味が常に一致するとは限らない。Grice が "Logic and Conversation" (1975) で試みたことは、文の意味を言われていることと含意されていることに区別し、会話の含意 (conversational implicature) の算出の過程を定式化することである。Grice (1975: 45) は会話の原則である協調の原理 (1) を提案した。

(1)　Make your conversational contribution such as is required, at the stage at which it occurs, by the accepted purpose or direction of the talk exchange in which you are engaged.

この会話の原理において、会話参与者は当然のこととして認められている会話の目的や方向から外れないように努力することが期待されている。協

---

[1] 第1章4節で述べたように、言われていることからコンテクストの情報をもとに派生する "implicature" の意味の定義は一様ではない。本章では、Grice および Levinson などの新グライス学派における意味の区別においては含意、関連性理論における意味の区別においては推意という異なる邦訳を意図的に用いている。

調の原理は人間の言語行動を拘束する社会の行動規範でも、人は常に善良で親切で協力的でなくてはならないといった道徳的な教えでもなく、われわれのコミュニケーションにおいて暗黙の内に成り立っている一定の行動指針を表している。

さらに、会話の含意が聞き手に解釈される仕組みを説明するために、4つの会話の格率(2)を挙げている。ほとんどの格率はいくつかのサブ格率から成り立っている。

(2) a. Quantity Maxims:
 1. Make your contribution as informative as is required (for the current purposes of the exchange).
 2. Do not make your contribution more informative than is required.
b. Quality Maxims:
 1. Do not say what you believe to be false.
 2. Do not say that for which you lack adequate evidence.
c. Relation Maxim:
 Be relevant.
d. Manner Maxims:
 1. Avoid obscurity of expression.
 2. Avoid ambiguity.
 3. Be brief (avoid unnecessary prolixity).
 4. Be orderly.　　　　　　　　　(Grice (1975: 45-46))

発話に含まれる情報の量に関する量の格率(Quantity Maxims)は、多すぎも少なすぎもしないだけの情報量の提示を話し手に促すものである。質の格率(Quality Maxims)は発話の情報内容に関する指針であり、嘘であると思っていることや確かな証拠がない情報の提示を抑制するものである。関係性の格率(Relation Maxim)は相手の発話の内容と関係のあることを伝達

することでコミュニケーションに貢献せよという格率であり、様式の格率（Manner Maxims）は伝達方法の明確さ、簡潔さなどに関するものである。

　Griceの語用論への貢献は、発話の解釈が理性的（rational）で推論を伴う活動であることを指摘したことである。発話の意味は話し手の発話の意図を探るための証拠にすぎないために、聞き手はその証拠をもとに発話の真意の解明のためにいろいろと仮説を作り上げる。正しい仮説の構築へとわれわれを導くものは、協調の原理が遵守されているという期待であり、聞き手が選ぶ仮説はこうした期待を最もよく満足する仮説である。

　しかし、日常のコミュニケーションにおいて、協調の期待がこのような形で満たされるとは限らない。もしそうであれば、直接的な情報伝達のみが会話の目的ということになる。事実、会話の格率から逸脱した言語行動は非常に多く見られる。例文(3)は、初めてのデートの場面での主人公WillとAngieによる会話である（下線は筆者）。

(3)　Angie:　There's something you don't know about me.
　　　Will:　Yeah? Something exciting?
　　　Angie:　I think so, yes. I have a three-year-old boy.
　　　Will:　<u>Brilliant. I love kids. Yeah. I like messing about with them, you know, doing kid things. I'd have been disappointed if you didn't have a child.</u>
　　　Angie:　Why do you say that?　　　(Screenplay *About A Boy* (2003))

直接的な情報の伝達だけがコミュニケーションだとすると、下線部のWillの発話の意図は文字通りシングルマザーであるAngieを受け入れることになる。しかし、映画を見ている観客は、"I wanted to throw the napkin on the floor, push over the table and run."と述べるWill本人の回想シーンが指し挟まることで、下線部のWillの発言が嘘であり、かつAngie自身もその多弁さからWillの発言を完全に信用していないことがわかる。協調の原理を用いて、Willの発話の字義どおりの意味がその本心ではないとAngieが理解

する過程を考えてみよう。会話の含意の算出の手順は、発話の命題内容（言われていること）に協調の原理（および4つの会話の格率）を適用することで(4)のように説明されるであろう。

(4) a. 会話の格率を遵守していないと考えられる発話の認知：Willは嘘をついている、または本心を述べていない（「質の格率」の非遵守）。

+

b. 協調の原理の仮定：「協調の原理」が守られているという前提にたてば、Bは単に嘘をつくことでコミュニケーションに協力的なのではない（協調の原理の遵守）。

↓

c. aとbの両立により認知される発話の意図：「（一例）子供をもった女性とのお付き合いはできない」という含意を伝えることにより、Willは返答している。

まず、Willの返答は発話の真意とは解釈できず、明らかに質の格率の第一サブ格率(2b-1)に反したものであり、嘘をついていると考えられる。しかし、Willは単に質の格率に違反することでAngieとの会話に非協力的なのではなく、根本的なところでは協調の原理を守り、Angieに対して返答しているであろうと考えられる。その返答は字義どおりの意味とは異なる別の意味によるものである。このように、含意の算出は、会話の格率を遵守していない場合でも協調の原理は守られているという前提に基づいている。会話の含意とは、協調の原理（および会話の格率）の遵守という仮定を保持するためには、話し手が考えているだろうと想定せざるを得ない意味のことである (cf. Grice (1989: 86))。[2]

以下、さらに会話の格率違反に基づく発話解釈の例を見ていこう。(5)は、Bが長旅の列車内で静かに本を読みたいと考えている時に、隣の席のAがいろいろと話しかけてくる場面での会話である。

(5) A: What do you do?
　　　B: I'm a teacher.
　　　A: Where do you teach?
　　　B: Outer Mongolia.
　　　A: Sorry I asked!　　　　　　　　　　(Thomas (1995: 68))

　Aの質問に対するBの "Outer Mongolia."（外モンゴルで教師をしている）という返答は明らかに嘘であると理解されている。この点で、Bの発話は(5)と同様に質の格率(2b 1)に違反していると考えられる。しかしその後の謝罪により、AはBの発話から算出される「そっとしておいてほしい」というような含意を理解していることがわかる。[3]
　一方、(6)は量の格率(2a-1)に違反していると考えられる例である。Bの発話は、返答を避けることを意図したものではない。

(6) A: Where does C live?
　　　B: Somewhere in the South of France.　　(Grice (1975: 51))

　Bの返答は、聞き手Aの期待を明らかに満足するものではない。しかし、Bは質の格率に従い誠実に答えようとするために、結果的に情報不足な返答をして量の格率に違反せざるをえなかったと考えられる。AはBの発話の含意として、Cがどこに住んでいるのかをはっきり知らないのだと解釈することになる。

---

[2]　飯野(2007: 39)は、(4)のプロセスを＜見かけ上の格率違反→推論→含みなどの構成と格率の回復・維持＞という図式で捉えている。推論では、メタ格率（話し手はできる限り4つの格率に従っていると考えよ）により格率の回復が行なわれる。

[3]　本来(5)の会話は、Bが外モンゴルで教師をしているのは事実で、Aは早合点をしてBの気持ちを汲んでしまったという例である。この場合、Bの "(I teach in) Outer Mongolia." という発話自体には含意を伝える意図はなく、Aが勝手に推論をしたということになる。語用論的に導かれた含意は取り消し可能(cancelable)である。

(7)の話し手Bは関係性の格率(2c)に違反した返答をしている。

(7) A: Mrs. X is an old bag.
    B: The weather has been quite delightful this summer, hasn't it?
(Grice (1975: 54))

パーティーという社交的な状況に不適切なAの発言を聞いて、BはAのMrs. Xへの評価とは全く関係のない天気に関する話題を持ち出している。Bは、Aの話に関わるべきではなく、Aはその場に相応しくない社会的分別を欠いた発言をしているということを含意として伝えている。

(8)は、様式の格率の中の「簡潔に述べよ」という3つ目のサブ格率(2d-3)に違反している例である。

(8) Miss X produced a series of sounds that corresponded closely with the score of 'Home Sweet Home'. (Grice (1975: 55))

話し手は、"Miss X sang 'Home Sweet Home.'"という普通の言い方に対して、敢えて冗長な表現を用いている。しかし、単に協調の原理に反した非協力的な発言ではなく、別の意味を伝えることで話し手は会話を続けようとしていると考えることができる。(8)は、Miss Xの歌が予想した出来よりもよくないという指摘を間接的に含意として伝えていることになる。このように、話し手がコミュニケーションに貢献し会話の目的に協力的である限り、表面的には会話の格率を破っているように見えても、本質的には含意を伝達することにより会話の目的に関与しているはずだと考えられる。[4]

1.2 会話の含意のタイプ

会話の含意は一般化された会話の含意(generalized conversational implicature, 以下GCI)と特殊化された会話の含意(particularized conversational implicature, 以下PCI)に分類される。GCIは(9)のように算出される。

(9) ... the use of a certain form of words in an utterance would normally (in the absence of special circumstances) carry such-and-such an implicature or type of implicature.　　　　　(Grice (1975: 56))

GCIとは、特定のコンテクストの情報を必要とせず、発話内の語句の使用により派生する意味である。例えば、(10a-d)はそれぞれ(11a-d)を含意する。

(10) a. John is meeting a woman this evening.
　　　b. Professor Nakano is in the cafeteria or in the bookstore before the third period begins.
　　　c. John ate some of the biscuits.
　　　d. I've got ten million yen in the bank.

(11) a. The woman John is meeting is not his wife, mother, or sister.
　　　b. Professor Nakano is not both in the cafeteria and in the bookstore before the third period begins.
　　　c. John didn't eat all of the biscuits.
　　　d. I've not got more than ten million yen in the bank.

これらの含意の算出はすべて量の格率のサブ格率(2a-1)に関係している。できるだけ情報量を多く与えよという行動指針は、同時にそれは与えられたものが最大限の情報量であるということを含意する。例えば、(10a)に

4　協調の原理と会話の格率の関係は、社会規範として守られるべき交通ルールと運転者個人の交通マナーや現実に起こる不可避的出来事に例えられるだろう。運転者はみんな同じ交通ルールを守っているだろうという前提があるからこそ、われわれは安心して車を運転することができる。交通ルールの違反や予想もできない事態(たとえば、酔っぱらい運転、無免許運転、高速道路での逆走など)が生じるからといって、大原則である交通ルールが存在しないわけではない。

おいて、不定名詞句"a woman"で対象を表現したのは、女性についてそれ以上の情報を与えられないからである（与えることができていれば、当然自分とその女性の関係を明言するはずである）。[5] (10b)の'A or B'という形式を用いた発話は、「A と B の両方が真であることはない」という(11b)の含意を導き出す（ここで、A は "Professor Nakano is in the cafeteria before the third period begins."、B は "Professor Nakano is in the bookstore before the third period begins." を指す）。(11c)で 'some' が 'not all' を、(10d)で 'ten million yen' が 'not more than ten million yen' を含意するのも同様の理由により説明できる。

　一方、PCI とは、(3)、(5)-(8) の例のように、特定のコンテクストにおいて命題 p を述べることで p 以外に伝達される意味のことである。PCI は(12)のように算出される。

(12) ... cases in which an implicature is carried by saying that p on a particular occasion in virtue of special features of the context, cases in which there is no room for the idea that an implicature of this sort is normally carried by saying that p. (Grice (1975: 56))

PCI とは、特定の状況においてコンテクストの力を借りることで、p と言うことで初めて伝達され、単に p と言うだけでは伝達されないと考えられる意味である。発話はコンテクストの情報を用いることでさまざまな PCI をもつことができる。例えば、"Bill goes up to Scotland every weekend." とい

5　不定名詞句が必ずこのような含意をもつとは限らない。次の例(i)は(ii)を含意する。
　　(i) I broke a finger yesterday.
　　(ii) The finger is my own.
(10a)とは逆の含意が伝わるこの例について Grice は説明を避けていたが、Levinson (1987) は量の格率の第二サブ格率(2a-2)に関係していると示唆している。つまり、必要以上の情報を与えるなという行動指針は、聞き手の容易な情報拡充を期待するものである。量の格率から逆方向への含意が生じるという Levinson の指摘は、第2節の GCI の体系化へとつながった。

う発話は、さまざまなコンテクストにおいて、"Bill's mother is ill." "Bill has a girlfriend in Scotland." "Bill gets as far away from London as he can when he can." "Bill still hasn't got over his obsession with the Loch Ness monster."などを含意する (Carston (2002: 110))。

1.3 協調の原理と発話解釈

　発話の情報量、発話内容の質、先行発話との関係性、発話の伝達方法は、確かに目的志向のコミュニケーションを行う上で大切な要件である。しかし、Grice の協調の原理および含意の算出は、発話解釈の側面を部分的に説明するだけである。

　まず、格率の違反は、発話解釈を起動させる個々の要因ではあるが、発話解釈の仕組みを説明するものではないと言える。したがって、4つの格率の性格は異なっている。発話内容が真か偽かという問題は、直接その発話内容に関わる客観的な問題であるために、遵守か否かは比較的判断可能であるのに対して、量、関係性、様式の格率は程度に関するものである (cf. Thomas (1995: 91))。3つの格率の最適性を決定する基準が存在するというよりも、状況に応じて最適かどうかが判断されるとも言えよう。

　4つの格率は、発話解釈の入口にすぎないために、ひとつの現象が複数の格率をもとに説明されてもしかたがない。実際に、Grice の例の中には、複数の格率に違反していると解釈できるものが多い。指導教授が哲学の教師を希望する学生 X のために書いた推薦状の例 (13) を考えてみよう。

　　(13)　Dear Sir, Mr. X's command of English is excellent, and his attendance at tutorials has been regular. Yours, etc.　　(Grice (1975: 52))

学生 X の英語の能力や出席状況が良好であることについて書かれた指導教授の推薦状の内容は、受け取った者にとって必要な情報が不足している (量の格率 (2a-1) の非遵守) と考えられる。しかし、同時に推薦状としては無関係な内容を記述している (関係性の格率 (2c) の非遵守) とも考えること

もできる。どの格率に違反した会話を行なっているかを理解することが発話解釈（含意の算出）に必要な第一段階だとすると、当てはまる格率が複数であるというのは発話解釈の処理を増やすことにもなりかねない。むしろ、発話解釈を起動させるものは、4つの格率の違反というよりも、会話の流れを一時的に止める、あるいは処理しにくい発言だという認識であろう。これは、複数の格率を内包するような別の原理が含意算出の引き金であることを示唆している。[6]

こうした理由で、発話解釈の仕組みに協調という指針が関わっているという考え方には異論も多い。4つの格率は文化固有（culture-specific）のものではないかという指摘（cf. Wilson and Sperber (1987: 10)）や、協力的な行為だと判断する基準は文化間で異なるという指摘（cf. Mey (1993: 74-78)）などがある。[7]

Griceの関心は、オンラインで認識される発話の意味解釈プロセスを体系化することにあったわけではないので、含意の算出過程の説明が不十分であると言えよう。発話の命題内容に協調の原理を適用することで含意が算出されるという枠組みの中で、発話解釈の際になぜ一つの特定の含意が生じるかがうまく説明されていない。発話はコンテクストに依存して複数の可能な解釈をもつ。(14)の会話からも推察できるように、同一の場面においても複数の会話の含意の算出が想定できる。

(14) A: Are you free tomorrow night?
     B: Are you asking me to help you with your homework again?
     A: No, I want to invite you to dinner.

---

[6] 処理の複雑さは、発話内容への協調の原理の適用というGriceの基本的な考え方についても言える。聞き手は含意を算出する際に、具体的な格率に違反しているという認識の一方で、それでも大前提である協調の原理は守られているという認識へ転換を行なわなくてはならない。

[7] Leech (1983: 80) は、Grice自身、協調の原理がすべての文化や社会に同じように当てはまると述べているのではないし、会話の格率を統計的な基準と同一視するのは誤った見方であると擁護している。

(14A)の質問は、宿題を手伝ってもらうといういつもの要請の前置きにも解釈されるし、夕食への招待の前置きにも解釈できる。協調の原理を適用することにより、同一の発話をもとに異なるコンテクストから異なる含意が生じるという説明だけでは、含意が生じる仕組みを解明したことにはならない。

さらに、異なる含意の関わり方も説明する必要があるであろう。次の例を見てみよう。

(15) Wilfred is meeting a woman for dinner tonight.

(Clark and Clark (1977: 122))

(16) A: Where does C live?
B: Somewhere in the South of France.   (=(6))

(15)と(16)の意味解釈には、GCIとPCIの双方が関わっているはずである。(15)では、不定名詞句 'a woman' により算出されるGCIは、指示される人物がWilfredの身内の女性(妻、あるいは母や姉妹)ではないということである。さらに、第三者がWilfredの妻に対してこの発話を用いた場合、PCIのひとつとして、Wilfredが浮気をしていることを伝えるほのめかしとなるであろう。(16)においても、Cの居場所を尋ねる質問に対する「フランス南部のどこかにいる」という返答から、「フランス全土にいるわけではなく、居場所は限られている」というGCIと「どこにいるかわからない」あるいは「知っていても教えられない」というPCIが意味解釈に関わっている。上記の例では、GCIはPCIの算出に貢献していると言えるので、2つのタイプの含意を同じレベルで取り扱うのではなく、発話の意味の伝達の観点から、かかわり合いが明確に整理されなくてはならないであろう。

■2. レビンソンの一般化された会話の含意

Levinson (1987, 2000) は、Griceの会話の含意理論を継承するものの、人

間の言語伝達の限界は話し手と聞き手の協力ではなく、社会的あるいは経験的に導かれた方略 (heuristic) により補完されると考える。Levinson は、Grice の量の格率の2つのサブ格率 (17a-b) から互いに衝突しあう2つの含意 (Q 含意と I 含意) が生じることを指摘した。

(17) a. Make your contribution as informative as is required (for the current purposes of the exchange).
b. Do not make your contribution more informative than is required.

Grice は、理性的な会話参与者が推論により発話の意味を認識するプロセスを論理的に特徴づけることに関心があった。それに対して、Levinson は、Grice のように会話の含意全般を扱っているわけではないが、認知的な視点から発話解釈の心的プロセスを解明しようとする。本節では、様式の格率から導かれた M 含意を加えた Levinson の GCI の算出の体系化を概観し、関連性理論の視点から議論したい。

2.1 Q 含意

量の格率の第一サブ格率 (17a)「必要なだけ多くの情報を与えよ」は 'What isn't said isn't the case.'（言われていないことは事実ではない）という方略と関連している。この方略により生じる含意は Q 含意 (Q implicature) と呼ばれる。(18) は、Q (Quantity) 含意に関して、発話とその含意、含意が導かれる過程をそれぞれ説明したものである。

(18) Some of the miners voted for Thatcher.
Q+> Not all of the miners voted for Thatcher.
$[A(S) \vdash A(W)][A(W) +> \sim A(S)]$[8]

---

[8] 使用した記号は Levinson (1987, 2000) に準じる。⊢ は 'entail'（論理的に含意する）、Q+> は 'conversationally Q-implicate'（Q 含意する）と読む。

Q含意とは体系化・一般化された含意で、次のように導き出される。まず、尺度を表す語彙(あるいは語句)のセットが情報量の多さにしたがいスケール上に並べられ、そこでは情報量の多い(stronger)表現(A(S))が情報量の少ない(weaker)表現(A(W))を論理的に含意する関係が成り立っている([A(S) ├ A(W)])。ここで、情報量の少ない語彙(語句)が使用されると、そのスケール上でより情報量の多い語彙(語句)が表す内容は、発話解釈において不適切である([A(W)+> 〜 A(S)])と推論される。(18)の <all, some> という尺度をなす語を例にとれば、情報量の多い'all'と情報量の少ない'some'の対比関係のもとで、情報量の少ない表現(18)「鉱夫の幾人かがサッチャーに投票した」を用いることは、「すべての鉱夫がサッチャーに投票したわけではない」のように、情報量の多い表現が当てはまらないことを含意することになる。Levinson (2000) は、話し手の格率(speaker's maxim)と聞き手の推論(recipient's corollary)の双方から、Q含意が伝達され認知されるための原理を、Q原理(Q-Principle)として(19)のように定式化している。

(19) Q原理
　　　話し手の格率： 情報量が多い言明がI原理に抵触しない限り、世界知が許すよりも情報量が少ない言明をしてはいけない。特に、事実と合致した最も情報量の多い代替形を選択せよ。
　　　聞き手の推論： 話し手の言明は自分の知識と合致する最も情報量が多い言明だと解釈せよ。

(Levinson (2000: 76))

この原理は、話し手の伝達の格率として、後述のI原理と矛盾しないならばできるだけ情報量の多い陳述を行い、一方、聞き手の推論として、話し手は最も情報量の多い陳述を行なっていると解釈せよというものである。具体的な解釈の方策の一つは、(18a)のような<all, some>の間の尺度のQ含意(scaler Q-implicature)である。その他、(20a-c)において、それぞれ

<more than three, three>、<and, or>、<always, often> の対比関係において尺度含意が生じている。

    (20)   a.   Bill has written three books.
                     Q+>K 〜 (Bill has written more than three books)
            b.   John is a poet or a philosopher.
                     Q+>K 〜 (John is a poet and a philosopher)
            c.   I often take sugar in my coffee.
                     Q+>K 〜 (I always take sugar in my coffee)

(20)において、話し手が情報量の少ない陳述(A(W))を行ったのであれば、それは情報量の多い陳述(A(S))が事実ではないと知っている(K 〜 (A(S))という解釈をもたらす。
  さらに、Q原理は節のQ含意 (clausal Q-implicature) も説明する。

    (21)   John believes there is life on Mars.
              Q+>{P (there is life on Mars), P 〜 (there is life on Mars)}

(21)は、<know, believe>という情報提示の強弱を表す関係において、話し手は埋込み文の内容が成り立つかどうかどちらとも言えない({P(Q), P~(Q)})と解釈される (Levinson 2000: 76)。

2.2　I含意

量の格率の第二サブ格率(17b)「必要以上の情報を与えるな」は 'What isn't said is the obvious.'（言われていないことは明らかなことだ）という方略と関連している。この方略により生じる含意はI含意 (I implicature) と呼ばれる。(22)は、I (Informativeness) 含意に関して、発話とその含意、含意が導かれる過程をそれぞれ説明したものである（I⌇>は「I含意する」と読む）。

48

(22)　I'll go to the meeting if you go.
　　　I+> I'll go to the meeting if and only if you go. [A(W) +>A(S)]

I 含意とは、情報量の少ない表現を用いることにより情報量の多い表現が導き出される含意である。これは情報量の少ない内容から情報量の多い内容への意味拡充 (enrichment) に他ならない。例えば、話し手は (22)「君が行くのなら僕も行く」という表現を用いることで聞き手に「君が行くのなら、その場合だけ僕も行く」という解釈を期待することになる。Levinson は、Q 原理と同様に話し手の格率と聞き手の推論の両側面から、I 含意が伝達され認知されるための原理を I 原理 (I Principle) として、(23) のように定式化している。

(23)　I 原理
　　　話し手の格率：Q 原理を意識しながら、伝達の目的を達成するのに十分な最小限度の情報を与えよという最小限化の格率。
　　　聞き手の推論：話し手が意図した意味だとわかるまで、最も特定的な解釈を見つけることで、その発話の情報内容を拡充する規則。ただし、話し手が有標な表現や冗長な表現を用いて最小限化の格率を破る場合は別である。

(Levinson (2000: 114-115))

I 原理のもとでは、話し手は伝達の際に発話の情報量の最小限化を試み、後述の M 原理に従い有標な表現を用いて特別なことが述べられているのでなければ、聞き手は発話の特定的な解釈を見つけることで情報の拡張を行う。具体的な方策としては、述べられた対象や出来事間の典型的な (stereotypical) 関係の読み、代名詞などの同一指示的な解釈、存在や実現性の解釈などが優先される。この方策は、(24) のようなさまざまな含意が算

出される過程を具体的に説明するものである。[9]

(24) a. *Conditional perfection*（条件文の完成）
"If you mow the lawn, I'll give you five dollars."
I+> 'If you don't mow the lawn, I will not give five dollars.' or perhaps 'If I give you five dollars, you will have mown the lawn.'
I++> '(If and) only if you mow the lawn, will I give you five dollars.'

b. *Conjunction buttressing*（連言強化）
"John turned the key and the engine started."
I++> 'He turned the key and then the engine started.' (temporality)
'He turned the key and thereby caused the engine to start.'(causality)
'He turned the key in order to make the engine start.' (teleology)

c. *Bridging*（橋渡し）
"John unpacked the picnic. The beer was warm."
I+> 'The beer was part of the picnic.'
"John was put in the cell. The window was barred."
I+> 'The cell has a window.'

d. *Membership categorization devices*（メンバーの範疇化）
"The baby cried. The mummy picked it up."
I+> ' 'The mummy' was the mother of the crying baby.'

e. *Inference to stereotype*（ステレオタイプ推論）
"John said 'Hello' to the secretary and then he smiled."
I++> 'John said 'Hello' to the female secretary and then John smiled.'

f. *Mirror maxim*（ミラー的格率）
"Harry and Sue bought a piano." I+> 'They bought it together, not

---

[9] (24)は、Levinson (1987)、Levinson (2000) が他の文献から集めた例である。I含意の伝達に加えて、I含意と言われていることを合わせた意味の伝達（I++> で表記）の2つのタイプの意味拡充が混在している。また、(24d) と (24g) 以外の邦訳に関しては『意味の推定―新グライス学派の語用論』に準拠している。

one each.'
  g. *Frames*（フレーム）
    "John pushed the cart to the checkout."
    I+> 'John pushed the cart full of groceries to the supermarket checkout in order to pay for them, etc.'
  h. *Preferred local coreference*（好まれる局所的同一指示）
    "John came in and he sat down." I++> 'John_i came in and he_i sat down.'
  i. *Negative strengthening*（否定の強化）
    "I don't like Alice." I+> 'I positively dislike Alice.'
  j. *Specialization of spatial terms*（空間表現の特定化）
    "The nail is in the wood." I+> 'The nail is buried in the wood.'
    "The spoon is in the cup." I+> 'The spoon has its bowl-part in the cup.'
  k. *Possessive interpretations*（所有格の解釈）
    "Wendy's house" I+> 'the one she lives in'
    "Wendy's theory" I+> 'the one she originated'

(24)で集められた文の意味解釈は異質なもののように見えるが、それらの解釈を導く原理はI原理一つである (cf. Levinson (1987: 66)、Levinson (2000: 118))。つまり、I原理はどの直接的推論においても、典型的な方法で特定的な解釈を見つけるという共通の原理として機能するのである。

2.3　M含意

さらに、Levinson (2000) は、GCIが算出される第3の原理としてM原理 (M-Principle) を提案する。これはGriceの様式の格率の中の「不明瞭な表現を避けよ」と「表現の冗長さを避けよ」というサブ格率を修正したものであり、What is said in an abnormal way isn't normal.（普通とは異なる方法で言われたことは普通のことを意味しない）という方略に基づいている。

(25) M 原理
　　　話し手の格率：通常のステレオタイプな状況を記述するために用いられる表現と対照的な有標表現を用いるこで、通常ではなく、ステレオタイプではない状況を表せ。
　　　聞き手の推論：通常と異なるように言われたことは、通常ではない状況を表し、あるいは有標なメッセージは有標な状況を表す。

(Levinson (2000: 136-137))

この原理において、無標の表現形式と有標の表現形式の対立関係において、有標な表現形式が用いられた場合、無標の表現形式では表すことができない、典型的ではない特別な状況が表されていると解釈される。(26)がM (Manner) 含意 (M implicature) 例である (M+> は「M 含意する」と読む)。

(26) a. "The outlaw caused the sheriff to die."
　　　M+>'by some unusual means, e.g., spiking his gun, half cutting his stirrup-leather, poisoning his aperitif'

(Levinson (2000: 142))

　　 b. "John came in and the man laughed."
　　　M+>'*the man* denotes someone other than *he* would have'

(Levinson (2000: 39))

　　 c. "She went to the school/church/university/bed/hospital/sea/town."
　　　M+>'She went to the place but not necessarily to do the associated stereotypical activity.'

(Levinson (2000: 147))

対立する無標の表現形式と有標の表現形式として、(26a) では 'kill someone'

と 'cause someone to die'、(26b)では 'he' と 'the man'、(26c) では 'go to school...' と 'go to the school...' が仮定される。例えば、無標な表現形式 "The outlaw killed the sheriff."は、典型的な方法で直接に殺したという意味に解釈されるのに対して、有標な表現形式 (26a) が用いられた場合、毒殺などの典型的とは呼べない特別な方法で殺したという含意を導くことになる。同様に、(26b) では 'John' と 'the man' は別人物であるという含意、(26c) では本来の目的でそれらの場所へ行ったのではないという含意が算出される。

2.4 衝突解決のスキーマ

Levinson は発話内容の情報量や表現形式から、異なる含意を導く 3 つの原理があることを指摘した。しかし、これらの原理は互いに衝突する推論の方向性を含んでいる。Q 原理は、A(S) が A(W) を論理的に含意するという情報量の対比関係において、A(W) を用いることにより A(S) でないという解釈を導く。一方、I 原理は、A(W) を用いることで A(S) であるという解釈を導く（厳密に言えば、情報量の対比関係があるのではなく、より情報量の多い特定的な意味へと拡張される）。つまり、量の格率から生じる Q 含意と I 含意はともに A(W) を表現しながら、それぞれ〜 A(S)、A(S) という互いに矛盾する含意を導くことになる。さらに、I 原理と M 原理においても推論の方向に衝突が見られる。I 原理は発話の解釈を情報量の多い典型的な解釈へと導くのに対して、M 原理は有標な表現形式を選択することで典型的な方法では算出されない特別な解釈を導き出すことになる。このように、Q 原理と I 原理が導く推論の方向性、I 原理と M 原理が導く推論の方向性はともに相反するものである。

こうした 3 つの異なる推論の中で正しく GCI が導かれるためには、それぞれの原理の適用についての基準を設けることで、含意の算出の衝突を避ける必要がある。Q/M/I 含意の算出の仕方を決める解決スキーマ (resolution schema) を簡潔にまとめたものが (27)、適用の優先順位は (28) のようになる。

(27) 同一の意味関係を表す語彙化された表現の対比のセットがある場合には、最初にQ含意が算出される。さらに、有標、無標の表現形式がある場合に有標の表現形式を用いれば、典型的ではない特別な意味を表すM含意が算出される。以上の2つの原理が適用されない場合には、I原理により、典型的な解釈（I含意）が導かれる。

(28) 　　Q含意＞M含意＞I含意　　　　　　(cf. Levinson (2000: 157-158))

Q含意がI含意よりも優先される例は(18)と(20-21)、M含意がI含意よりも優先される例は(26)、最終的にI含意が算出される例は(22)と(24)である。残る例として、Q含意の算出がM含意よりも優先される例は(29)である。

(29) a. "Cortes caused the death of Montezuma, or indeed he killed him outright with his own hands."

b. "Cortes *caused the death of* Montezuma."
M+>K ('Cortes brought about the death of Montezuma indirectly, not with his own hands.')

c. *p or q* Q-clausal +> {Pq; P ～ q} ; instantiating: Q+>P ('Cortes killed him outright with his own hands.')

(Levinson (2000: 160))

(29a)の最初の節は有標な表現形式であるために、(29b)のようなM含意「典型的ではない間接的な方法による殺人」を算出する。しかし、'p or q'という選言的表現は「qであるかもしれないし、～qであるかもしれない（{Pq; P ～ q}）」をQ含意するために、M含意の算出(29b)は解決スキーマ(27)により阻止されることになり、結果的に 'Cortes killed Montezuma outright withhis own hands.'という意味をQ含意することになる(29c)。

2.5 体系化された GCI と発話解釈

Levinson (1987, 2000) は、Grice の会話の 4 つの格率を吟味し、原理を最小化する方向で Q/M/I 含意の体系化を試みた。しかし、この GCI の体系的なアプローチにも議論されるべき点がある。

まず、3 つの含意の定義の曖昧さを挙げることができよう。例えば、I 含意の定義に関して、Levinson (1987) で用いていた情報量に関する「対比のペア」という表現は Levinson (2000) のその定義から削除されている。また、Levinson (1987) では M 含意を Q/M 含意と呼んでいたことからも分かるように、表現内容の情報量の多・少と表現形式の有標・無標という区別は必ずしも明確ではない（これは Grice の量の格率と様式の格率の重複と同様の疑問点を含んでいると言えよう）。一般的に、表現形式が有標である文の情報量は多いと感じられるし、無標な形式ほど少ない情報量で表現できるからである。例えば、'cause someone to die / cause the death of someone' と 'kill someone'、'go to the school...' と 'go to school...' という有標・無標の表現形式のペアの場合、それぞれ前者の有標な表現形式の情報量が後者に比べて多いと言える。

次に、I 含意には異質な意味拡充の方略が含まれていると言える。I 含意の中には、コンテクストの情報がなくても含意が一つに決まる例もあれば、そうでないものが含まれている。例えば、(24a)、(24b)、(24g)、(24k) において算出される含意を最終的に決めるためにはコンテクストが必要である。しかし、Grice の含意理論を継承したものだと考えると、I 含意も GCI のひとつであるため、コンテクストの情報なしに派生されなくてはならないはずである。Levinson (1995) のコミュニケーションの 3 層理論 (three-tiered theory of communication) では、GCI はコード化された文タイプの意味 (sentence-type meaning) と話し手の意味である発話トークンの意味 (utterance-token meaning) の間に位置する中間段階の発話タイプの意味 (utterance-type meaning) だと考える。GCI は含意でありながら、一般的に含意として捉えられる話し手の意味とは異なるレベルにおかれていること

が、その捉え方を複雑なものにしていると言える。

　また、Q/M/I 含意の派生の方向性は再検討に値するであろう。I 含意は、言語表現により符号化された意味を発展させた解釈として導かれる。I 推論による拡充の到達点としての I 含意は、言われていることに比べて、情報量が多く (informative)、特定的な解釈である。Atlas and Levinson (1981: 35-36) は、Q 含意と I 含意との派生の違いについて次のように述べている。

　　（30）　[Q-implicatures] limit "what is said" by shrinking the rage of possible states of affairs associated with "what is said" to a smaller range of those states of affairs associated with "what is communicated." "What is communicated" is MORE DEFINITE than "what is said." … [I-implicatures] enrich "what is said" by reshaping the range of the possible states of affairs associated with "what is said" to a narrower range of possible states of affairs associated with "what is communicated." "What is communicated" is MORE PRECISE than "what is said."

I 含意の特定性とは、例えば、'the oil compressor gauge' から 'the gauge that measures the state of the compressor that compresses the oil' への意味の狭化のように、言われていることを特定的な事態として正確に意味するものである。一方、Q 含意は、例えば、'ten million yen' から 'no more than ten million yen' へと、言われていることの意味を限定的にしたものである。意味の特定化と限定化は確かに異なると言えるが、発話の意味解釈においては、言語表現に符号化された意味を、その論理形式を発展させることで意図された意味へと拡充するという点では同じプロセスだと言える。同様のことは、例えば、'The outlaw caused the sheriff to die.' が 'by some unusual means' の意味へと拡充される M 含意においても言えよう。

　こうした含意の派生の方向性の問題と同様に、解決スキーマに対して、どのような経験的に妥当な説明が可能であろうか。発話解釈に関して 3 つ

の原理に関わる推論の方向性が互いに矛盾しあうために、意図された含意が派生するためには、3つの推論の適用順序を決めておく必要がある。コミュニケーションや認知の効率性を考えた場合、3つの原理の動因となるメタ原理があると考える方が認知的に健全であろう。

■3. 関連性理論からみた GCI および Q/M/I 含意

3.1 GCI および Q/M/I 含意の明示性

Grice および Levinson の会話の含意において、符号化された意味から解読過程と意味の曖昧性の除去および指示付与以外に語用論的推論により算出される意味は、すべて含意（Grice の GCI/PCI、Levinson の Q/M/I 含意）に分類されている。本節では、関連性理論の視点から、GCI および Q/M/I 含意がどのような意味であるか考えてみたい。

Grice の GCI、Levinson の Q 含意が関わっている次の例を再度見てみよう。

(31) a. John is meeting a woman this evening.
b. Professor Nakano is in the cafeteria or in the bookstore before the third period begins.
c. John ate some of the biscuits.
d. I've got ten million yen in the bank.　　　　(=(10a-d))

例えば、(31a) の「'a woman' が John の身内の女性以外の女性を意味する」という言い方と、同じ文が「John の浮気の事実を意味する」という場合、明らかに両者の意味は異なっている。前者を「含意（implicature）」と呼んだ場合、後者の意味はどのように定義すればよいであろうか。また、(31b) の「カフェテリアと書店の両方にはいない」、(31c) の「ビスケットをすべて食べたわけではない」、(31d) の「少なくとも 1000 万円」という意味も同様に、話し手がそのような表現を用いて伝達したかったことは他にあるはずである。コンテクストの情報を必要としない意味を含意と呼ぶことから、すでに Grice や Levinson の含意の定義そのものが曖昧であったようにも思われる。

一方、関連性理論では、言語表現に符号化された意味が語用論的推論により拡張されたとしても、それが明示的に伝達されている場合には、暗示的に伝達される発話の意味（推意）とは考えない。それは、符号化された意味が推論により単に拡充（狭化や緩和）されて伝達された概念や表意（explicature）として捉えられる。[10] 関連性理論による意味の区別では、語用論的推論により拡充された語の概念的意味は、文の表出命題の一部になるという点で明示的な意味であり、表意は述べられた文の論理形式を推論により肉付けした想定である点でやはり明示的な意味である。発話解釈において、語用論的推論を必要とするからと言って、それが必ずしも暗示的に伝達された意味であるとは限らない。ひとが発話解釈を始めた時点からすでに多かれ少なかれ語用論的推論が関わることになるであろうし、認知システムの点から考えてみても語用論的推論にオンオフのスイッチのようなものがあるとは考えにくい。(31a)で "a woman" が John の身内の女性以外の女性を意味するのは、"a woman" により符号化された意味が推論により特定の人物を指示する狭化された概念として捉えられているからである。また、(31c)と(31d)の尺度含意も符号化された数の概念が推論により狭化されたものとして、(31b)の選言命題の含意は、その論理形式が語用論的に拡充された表意として捉えることができる。

　また、I 含意も、表意または語句に符号化された意味が拡充された明示的意味に関わるものである。Levinson の例を再度見てみよう。

(32) 　a. 　*Conditional perfection*（条件文の完成）
　　　　　"If you mow the lawn, I'll give you five dollars."
　　　　　I+> 'If you don't mow the lawn, I will not give five dollars.' or perhaps 'If I give you five dollars, you will have mown the lawn.'
　　　　　I++> '(If and) only if you mow the lawn, will I give you five dollars.'
　　　b. 　*Negative strengthening*（否定の強化）
　　　　　"I don't like Alice." I+> 'I positively dislike Alice.'

---

[10] 関連性理論における表意、推意の定義に関しては、第1章4節を参照のこと。

c. *Conjunction buttressing*（連言強化）
　　　　"John turned the key and the engine started."
　　　　I++> 'He turned the key and then the engine started.'(temporality)
　　　　'He turned the key and thereby caused the engine to start. (causality)
　　　　'He turned the key in order to make the engine start.' (teleology)
　　　d. *Inference to stereotype*（ステレオタイプ推論）
　　　　"John said 'Hello' to the secretary and then he smiled."
　　　　I++> 'John said 'Hello' to the female secretary and then John smiled.'

(32)の例は、解釈の際に語句の意味が推論により狭化されることで表意の構築が行われている。(32a)では "if" が "if and only if" の意味へ狭化され、(32b)では嫌悪感の概念がより強く規定されている。また、(32c)では、"and" の意味が「それから」「その結果」「その目的で」という意味へ推論により拡充することで表意が形成されている。(32d)では "a secretary" が "a female secretary" へと概念が狭化されている。[11]

　さらに、Levinson の例を再検討してみよう。

　　(33) a. *Possessive interpretations*（所有格の解釈）
　　　　　　"Wendy's house" I+> 'the one she lives in'
　　　　　　"Wendy's theory" I+> 'the one she originated'
　　　　b. *Preferred local coreference*（好まれる局所的同一指示）
　　　　　　"John came in and he sat down." I ++>'John_i came in and he_i sat down.'

(33)の言語表現が語用論的に拡充される過程には、その言語表現の中に論理形式を発展させるヒントが明示的にあるため、飽和のプロセスによる

---

[11] 日本の政治の世界においては「秘書」の多くは「男性秘書」を意味する。ステレオタイプな意味へ拡充する推論ではなく、推論による意味拡充（狭化）によるものだと考える方が妥当である（cf. Higashimori (2003b: 239)）。

表意形成が関わっている。[12] (33a) の所有表現は、その言語的意味として抽象的な意味での所有関係を符号化しており、聞き手は語用論的推論により具体的的な関係として捉えることになる。表意の構築自体にも語用論的推論が関わっているので、どのような想定を推論に用いるかによって異なる表意(「住んでいる家」、「借りている家」、「購入した家」など)が構築されることは自然なことである。さらに、(33b) の同一指示の解釈も、Carston (2002) が飽和に含めた指示付与の一例として、明示的意味の構築に貢献している。

次の例においても、定名詞句が前述の個体へのアクセスの手がかりを示していると言える。

(34) a. *Bridging*(橋渡し)
"John unpacked the picnic. The beer was warm."
I +>'The beer was part of the picnic.'
"John was put in the cell. The window was barred."
I +>'The cell has a window.'
b. *Membership categorization devices*(メンバーの範疇化)
"The baby cried. The mummy picked it up."
I +>"The mummy' was the mother of the crying baby.'

(34a) の "the beer"、"the window"、(34b) の "the mummy" について、上記のような I 推論が関わっているとされるが、これらの推論自体も定名詞句が引き金となっている。(34) の解釈のすべてに橋渡し推論が関わっていると考えられ、推意前提として捉え直すことが可能である。[13]

---

[12] 飽和については、第1章4節を参照のこと。
[13] 橋渡しには次のような推論が関わっているとされる。(34b) で考えてみよう。
 (i) A: The baby cried.
    B: Didn't the mummy pick it up?
 (ii) The mummy was the mother of the crying baby.
推意前提 (ii) を用いて、"the mummy" は "the mummy of the crying baby" という意味へと拡充できる。詳細は、松井 (2003) を参照されたい。

一方、次の例では、表現形式が発話の場において自由に拡充されている。

(35) a. *Frames*（フレーム）
"John pushed the cart to the checkout."
I +>'John pushed the cart full of groceries to the supermarket checkout in order to pay for them, etc.'
b. *Mirror maxim*（ミラー的格率）
"Harry and Sue bought a piano." I+>'They bought it together, not one each.'
c. *Specialization of spatial terms*（空間表現の特定化）
"The nail is in the wood." I+> 'The nail is buried in the wood.'
"The spoon is in the cup." I+> 'The spoon has its bowl-part in the cup.'

これらの発話には命題として不十分な点はないが、話し手が本当に言いたいことを聞き手が解釈するためには、命題自体が語用論的に拡充および調整されなくてはならない。その点で、自由拡充のプロセスを含んでいる。[14] (35a) においては、ショッピングに関するフレーム的知識を用いることで、カートに入っているもの、レジの場所の特定化、レジへ行く目的について、それぞれ、"full of groceries"、"the supermarket checkout"、"in order to pay for the groceries"という拡充された意味のもとで発話解釈が行われる。(35b) の共同購入の意味への拡充も当然と思われる知識を用いた語用論要請によるものであり、(35c) に関しても、経験的な知識から、打たれた釘やカップの中のスプーンの状態を明示的な意味として呼び出すことで、上記のような語用論的調整がなされている。

以上の議論から、(31)-(35) の中で取り上げられた意味は、発話解釈のための一連の語用論的意味拡充過程 (36) の中で、語彙の意味拡充、あるいは表意の構築として、意味の明示性の点から捉え直すことができる。

---

[14] 自由拡充については、第1章4節を参照のこと。

(36) 言語表現に符号化された意味→［表意構築プロセス］→表意 ... 推意
　　　　　　　　　　　　　　　　　　　　　　　［推論的意味拡充］

　言語表現に符号化された意味は表意形成の土台であり、語用論的推論による意味の補充や調整が行なわれることで表意が構築される。そして、さらにこの表意とコンテクストの情報をもとに語用論的推論を行なうことで推意が導き出される。例えば、(31)において、不定名詞句 "a woman" に符号化された意味が量の格率に基づく語用論的推論により補充された「身内の女性以外の女性」という明示的意味は、「John は今晩身内の女性以外の女性と会っている」という表意形成に貢献する。さらに、その表意と John に関するさまざまなコンテクストの想定（聞き手が呼び出す文脈想定）をもとに、推意のひとつとして「John は今晩浮気をしているようだ」という意味が算出されることになる。さらに、否定の強化の類例として、(37)を見てみよう（下線は筆者）。

(37) Linda:　　Hey, Marty ... I'm not your answering service. While you were outside pouting the car, Jennifer Parker called you twice.
　　　Lorraine: I don't like her, Marty. Any girl who calls up a boy is just asking for trouble.
　　　Linda:　　Oh, mother, there's nothing wrong with calling a boy.
　　　Lorraine: I think it's terrible. Girls chasing boys! When I was your age, I never chased a boy or called a boy or sat in a parked car with a boy.

(Screenplay *Back to the Future* (1998))

息子 Marty へ何度も電話をかけてくる女友達の Jennifer に対して、自分の若い頃を引き合いに出し、母親 Lorraine は嫌悪感を示している。控えめな言い方としての否定表現 "don't like" が "dislike" に強化されるのは表意形成の

ための意味の拡充であり、想定を用いることで「Jenniferとつきあうのはやめなさい」などのような推意が派生しうる。表意から推意が派生される動因として、関連性の期待を満たすために表意が推意の派生を保証していると言える。

表意は推意を構築する推論の前提の一部なので、論理上は表意の構築は推意の構築に先行する。しかし、(36)の発話の意味拡充過程における表意と推意の関係は一方向であるとは限らない。解釈の手順に従う関連性の見込みのもとで、表意と推意が相互並行調整（mutual parallel adjustment）により構築されることもある（cf. Sperber and Wilson (1997: 118-121)、東森・吉村 (2003: 54-55)、Wilson and Sperber (2004: 615-616)）。以下の例では、推意の伝達のために表意が調整されている（下線は筆者）。

(38)　Peter: Do you want to go to the cinema?
　　　Mary: I'm <u>tired</u>.　　　　　　　　(Sperber and Wilson (1997: 117))

(39)　[論文の提出期限が迫っているところで]
　　　良夫：論文、書けた？
　　　正夫：<u>やばいんだ</u>。　　　　　　　　（武内 (2007: 6)）

(38)のMaryの発話の推意は "Mary doesn't want to go to the cinema because she's tired." だと考えられるが、この推意が伝達されるためには、同時並行的に発話で用いられた "tired" の意味がその表意 "too tired to go to the cinema" まで狭化されなくてはならない。(39)においても、「論文が書けていないので危うい状況になる」という正夫の発話の推意を良夫が理解するためには、「やばい」が正夫本人の頭の中にある「やばい」のアドホックな意味へと拡充されなくてはならない。[15] これらの例では、表意の構築と推意の確定が並行して行なわれていることを示している。

---

[15] アドホック概念形成については、第1章4節を参照のこと。

言語表現に符号化された意味の拡充や絞り込みにより派生するこうした意味を、Levinson では含意として捉えていることを述べた。そのために、侵入構文 (intrusive construction) と呼ばれる構文において、含意が発話の真理条件に貢献するという議論が成立することになる (cf. Levinson (2000: 198-217))。侵入構文とは、含意がそれを含む発話の真理条件に侵入する、つまり文全体の真理条件が構成要素の含意に依存するとされる構文である。そのひとつである条件文を例に考えてみよう（それぞれ、含意に関わるとされる箇所を太字にしている）。

(40) a. If both teams got **three** goals, the game was a draw.
(Carston (2004: 184))
b. If **Bill's book** is good, he'll never return it to the library.
(Levinson (2000: 207))

(40a) では、"three" から尺度 Q 含意 "exactly three"、(40b) では、"Bill's" により特定化された所有関係である I 含意 "the book Bill borrowed" が派生することで、それぞれ (41a, b) のように解釈されるだろう。

(41) a. If both teams got **exactly three** goals, the game was a draw.
b. If **the book Bill borrowed** is good, he'll never return it to the library.

(41a) の Q 含意と (41b) の I 含意がそれを含む文の真理条件に明らかに貢献していることは、「どのような場合に試合は引き分けなったのか」、「どのような場合にビルは本を図書館へ返却しないと言えるのか」という問いの答えに (41a, b) の Q 含意と I 含意が含まれる（つまり、if 節のスコープ内にある）ことからわかるであろう。しかし、会話の含意であれば、文の真理条件には関わらないはずである。この議論自体も、含意の問題として捉えなければ解決する。"exactly three" や "the book Bill borrowed" を、語用論的推論により発展させた "three" や "Bill's book" の明示的意味として考えることで、

非真理条件的意味が発話の真理条件に侵入するという見方も不要になるであろう。不完全な論理形式は語用論的情報により真理条件にかなう命題へと拡充されるが、拡充された意味が必ずしも推意である必要はない。

3.2 関連性の原理に基づく推論

Levinson (1995: 96, 2000: 11) は GCI を算出する際の推論を、デフォルト（典型的）な方略に基づくものだと考えている。デフォルトな推論 (default inference) において、その推論が当てはまらないことを示すコンテクストがなければ、符号化された意味は予測されたとおりに好ましい (preferable)、典型的な (stereotypical) 解釈へ導かれる。[16] しかし、デフォルトな推論と関連性の原理に基づく推論とは、明らかに異なるタイプの推論であると言える。(42) と (43) を見てみよう。

(42) A: Did you read his papers?
　　 B: I read some of them.
　　 GCI: I didn't read all of them.

(43) A: Is John there?
　　 B: Some of the boys already left.
　　 GCI: ? Not all of the boys have left yet.
　　 PCI: Probably John already left.

同じ "some" を含む発話から、(42) の B の返答では GCI (Q 含意)、(43) の B の返答では PCI が導出されている。両者の解釈の違いを考えると、(42B) の解釈にはデフォルトな推論が関わっていると言えるが、(43B) ではデフォルトな解釈として得られる結論がコンテクストから見て不適切であるために却下されていると言える。それでは、デフォルトな推論が採用される場

---

[16] Carston (2004: 183) は、GCI はデフォルトで好ましい意味だと定義されているにも関わらず、2 つ以上の意味が派生する I 含意の例について疑問を投げかけている。

合とそうでない場合の違いとは何であろうか、また、(43)においてデフォルトな推論が不適切なのはなぜであろうか。こうした疑問に対して、関連性の原理は適切に答えることができる。

　発話解釈の場面において、聞き手は自身の想定を呼び出し、発話の命題内容とその想定を結び付けることで認知効果（ここでは文脈含意）を導き出す。例えば、(42)のAは、Bが論文を読んだかどうか、あるいは間接的にどのくらい読んだかを純粋に知りたいと思っている。そうした状況では、Bの発話からAが少ない処理労力で導き出すことができる最大の文脈含意は、純粋に量に関するQ含意（"I didn't read all of them."）であり、過分の労力を払いそれ以外の文脈含意を引き出そうとするとは考えられない。それに対して、(43)のAの質問は、Johnがまだその場にいるかどうかを知りたい、あるいは帰る前にJohnをつかまえなくてはならない理由があるために発せられたものである。したがって、残っている少年の数についてのQ含意（"Not all of the boys have left yet."）は、典型的な推論により導かれた表意であるにも関わらず、Aにとって処理労力に見合うだけの文脈含意にはあたらない。このように、発話解釈に関して、デフォルトな推論により行われるというLevinsonの主張と、呼び出し可能な文脈想定をもとに少ない処理労力を費やすことで最大の認知効果が導き出されるという関連性理論の主張は異なるものである。[17]

---

[17] 実際のコミュニケーションにおいて、some → not all のGCIが派生する例は少ない。

   (i)　Some birds flew past the window.
   (ii)　I'd like some apples please.
   (iii)　It took me some time to get here.
   (iv)　The park is some distance from my house.　　　　　(Carston (1995: 235))

(i)と(ii)のsomeは特別な強勢が置かれない限りnot allを意味することはないし、(iii)と(iv)のsomeはむしろ「かなり多くの」を意味する。子供を対象にした実験において、some → not all の尺度含意がむしろ好ましくない読みであるというNoveck (2001)の実験結果がHigashimori (2003b)で紹介されている。また、デフォルトな解釈を導くとされる尺度含意の処理時間が長いことから、実際には処理が難しいとするBott and Noveck (2003)の実験結果がCarston (2004)で紹介されている。

第 2 章　グライスとレビンソンの会話の含意をめぐって

　以上の議論により、発話解釈の枠組みの中でデフォルトな推論を個別に規定するよりも、発話解釈のためのどのような推論も、最適な関連性の見込み（発話は処理労力に見合うだけの認知効果をもつという仮定）をもとにして行われると考える方が妥当であろう。そのように考えれば、I 含意は典型的で好ましい解釈を導くと考える必要もなくなる。例えば、(44) は「鍵を渡された後ドアを開ける」という行為の典型的な順序、(45) は「ゴミを拾うとほうびがもらえる」という報酬の典型的な形態に反する解釈を導く。

(44)　He opened the door and she handed him the key.
(45)　If you don't pick up the garbage, I'll make you a cake.

(Carston (1995: 222-223))

　このような解釈は、世界知と照らし合わせると、典型的でも好ましくもない。I 含意が典型的で好ましい解釈を導くとすれば、(44) と (45) の解釈は困難であるはずだが、実際にはそうしたフレーム的知識以外の想定（例えば、「何かを渡すためにドアを開ける」「ペナルティーとして美味しいものを食べさせる」など）に基づき、(44) と (45) が解釈されても問題はない。また、"The policeman stopped John's car." という文に関して、さまざまな想定を用いることで、「警官は交通違反をしたジョンの車を止めた」から「警官は自ら盗んだジョンの車を運転していたが、何らかの理由でそれを停車させた」まで、さまざまな意味拡充が可能である (cf. 西山 (2003b))。"John's car" という所有格表現における John と車の関係について、「ジョン自身が所有する車」という解釈が典型的で好ましいものであり、それを導く推論がデフォルトであると考えるよりも、文脈想定の呼び出し易さや認知効果の観点から捉え直すことにより、関連性という一つの基準のもとでの議論が可能になる。[18]

　さらに、デフォルト性とは逆の推論 (inference to non-stereotypes) である M 推論も、関連性の原理にもとづく推論として説明することができよう。

67

(46) a. The outlaw caused the sheriff to die.
　　　b. John came in and the man laughed.
　　　c. She went to the school/church/university/bed/hospital/sea/town.

M原理によれば、(46a)では「流れ者が保安官を普通の（直接的な）方法以外の方法で殺した」、(46b)では「"John"と"the man"が別の人物である」、(46c)では「彼女は本来の目的以外のためにその場所へ行った」という解釈がそれぞれ生じるのは、それらの表現が無標な表現形式と対照的な有標性を担っているからだと説明される。それでは、表現形式の有標性と無標性は関連性理論の枠組みでどのように説明できるであろうか。

　有標な表現形式は無標の表現形式に比べて、発話解釈の点で相対的により多くの処理労力を必要とすると考えられる。しかし、多くの処理労力を必要とする発話の解釈によって導かれた認知効果は、過分な処理労力を相殺するはずである。例えば、(46a)から得られる特別な殺人方法が用いられたという解釈は、その処理労力に見合うだけの多くの情報量をもち、ニュース性の高い有益な解釈だと言える。関連性の原理は、少ない処理労力で最大の認知効果を得ること、多くの処理労力が費やされればそれに見合うだけの認知効果がさらに得られることをも保証している。

　関連性の原理に基づけば、会話の格率の違反が発話解釈（会話の含意の算出）に関わるというGriceの主張は、必ずしも必要ではなくなるであろう。関係性の格率違反の例とされる例を再度見てみよう。

---

[18] 児玉 (2003) は推論のデフォルト性からGCIをコード化された意味であると主張する。それに対して、東森 (2003) は意図された発話の解釈へ至る際にデフォルトな推論を否定しなくてはならない例 (i) などを挙げ、Levinsonではそのプロセスや過分な処理労力を要することについて説明できないと述べている。
　(i) Tiny doll fingers were sometimes wrapped individually because wrapping the entire hand together might break *a finger*. (Webcorp)
(i) において、a finger がGCIである my finger をコード化された意味としてデフォルトに導出しなくてはならないとすると、実際に意図された "a finger" の解釈は人形の指であるために、処理が複雑化するだけである (cf. 東森 (2003: 128))。

(47) A: Mrs. X is an old bag.
B: The weather has been quite delightful this summer, hasn't it?

Griceによれば、Bの発話の推意（分別を欠いた行為だと発言をたしなめる意図）をAが理解するためには、自身の想定の中に、突然（天気などの）関係のない話をするのは発言を制する意図があるという想定が少なくとも含まれていなくてはならないであろう。しかし、そのような想定が異なる社会や文化に広く共有されたものであると断言するのは困難であるし、話題を変えることがなぜ相手の発言を制止することにつながるのかも説明されなくてはならない。実際に、Bの発話の推意はGriceが言うような発言を制するというような強いものだけではなく、単に話題を変えたいという程度の意味であってもかまわない。発話の命題と呼び出された想定が結びつくことで推意が導かれるという関連性理論の枠組みでは、呼び出し可能な想定を用いていくつかの異なる推意が聞き手に伝達されることを十分に予想することができる。

さらに、様式の格率の違反の例についても同様である。

(48) A: How was Miss X's performance?
B: She produced a series of sounds that corresponded closely with the score of 'Home Sweet Home'.

Miss Xの歌唱が劣っているというBの指摘をAがその発話の推意として理解するには、音の科学的分析について長々と述べること（様式の格率の非遵守）は、その歌唱を評価しないことだという結論へ導くだけの想定がAに備わってなくてはならない。しかし、そのような想定が一般的に共有されているとは断言できない。また、Bの発話は、Griceが言うほど強い批判を推意として伝達しようとしているのではなく、冗長な言い方は直接的な批判を避けたいという配慮の現れであるとも解釈できる。推意の中身は、

あくまでもどのような想定を用いて解釈するかにより決まる。初級レベルの歌唱練習を行っている人に対しては、逆に歌唱法の忠実さへの賞賛の意味にも解釈できると答える英語母語話者もいる。

　関連性理論における意味拡充の仕組みを用いれば、Q/M/I 含意の区別は不要になるであろう。語句の意味の対比のセットの間の対比関係に基づく Q 含意、形式の有標・無標の対比に基づく M 含意は、語句や形式に関する知識体系（Levinson の "shared beliefs"）が想定として確立していれば比較的容易に行われる。それに対して、I 推論は確立された知識体系に基づいたものではないので、意図された解釈へと導くためにコンテクストの情報を文脈想定として呼び出さなくてはならない。したがって、I 含意として分類された例が雑多であり、文脈想定の呼び出し易さに程度の違いがあるとしても不思議なことではないであろう。Levinson において Q/M/I 含意と呼ばれる意味は関連性理論では推意ではなく、すべて発話の明示的意味に属する。同じ表意でありながら、それぞれの表意の拡充は、その語用論的推論の負担の大きさにより呼び出し可能性の違いが生じる。Levinson の衝突解決のための Q/M/I 含意の算出の順序とは、結局、労力のかからない（呼び出し易い）推論から試行するという関連性の原理に基づくものであると考えられるが、詳細な議論は今後の課題としたい。

■ 4. おわりに

　Grice の協調の原理と Levinson の 3 つの会話の原理は、発話解釈の方向性への示唆に富んだ、具体的で魅力あるコミュニケーション理論である。それぞれの具体例が顕示する含意の派生は、直感的にも当然正しいものだと思えるであろう。しかし、ひとが発話の意味を解読し、推論を用いて話し手の意図をさぐるという発話解釈の一連のプロセスから眺めた場合、別の側面も見えてくる。"implicature" と呼ぶ意味の対象は、Grice および Levinson が対象とした意味を超えた、話し手の思考の世界の意味を指すと考えざるをえない。関連性理論における意味の明示性／暗示性という区別を用いれば、Grice の GCI、Levinson の Q/M/I 含意は、"implicature" ではなく、

明示的意味（つまり符号化された語句の意味拡充あるいは表意）だと捉えることができよう。明示的意味の拡充も、飽和や自由拡充、アドホック概念形成などからわかるように、特定のコンテクストの情報（聞き手が呼び出す想定）に支えられている。これは、発話の意味解釈という認知プロセスを、俯瞰的かつ系統的に捉えることで見えてくるであろう。さらに、LevinsonのQ/M/I含意の派生についても、同様に考えることができる。これらの含意の派生には、異なる推論の方向性が関わっているために、交通整理をする解決スキーマが必要になるとされる。しかし、文脈想定を用いた明示的意味への推論的拡充という観点からは、その呼び出し可能性の違いはあっても、解釈の方向性は同じであるように思える。

第3章

発話行為およびポライトネスと発話解釈

この章では、発話行為およびポライトネスという言語の社会規約的な側面と発話解釈の関わりを、関連性理論の側面から捉え直すことを目的としている。発話行為論において、Searle (1969) は、$F(p)$ という記号式を用いることで発語内行為の記述と分類を試みた。一方、Searle の記号式を援用しながら、Bach and Harnish (1979) の発話行為スキーマは、伝統的に扱われなかった非自然的な意味を伝達する発話行為の語用論的記述を試みている。コンテクストに基づく発話行為の意味解釈の過程について、発話解釈の観点から考察したい。さらに、Leech (1983) のポライトネスの原理に関わる発話の意味解釈の問題についても考えたい。

■1. 発話行為論における意味解釈
1.1 発語内行為の成立と適切性条件

　J. L. Austin (1962) は *How to Do Things with Words* の中で、われわれは何かを言うためだけに言葉を用いるのではなく、何かを行う（行為を遂行する）ためにも言葉を用いると述べている。発話行為論は、発話と発話そのものの効力や他者への影響力を区別することで、言葉を発する時にどのような行為を行い、その行為がどのように成功するかを説明しようとする。発話行為論の中心的な関心は、言語表現を用いた発話それ自体が、行為そのものとして成立するという自然言語の遂行的側面の考察にある。Austin 以降、意味伝達の行為を発語行為から独立して考える傾向が見られる。Searle (1969) は、発語内行為の特徴を「話し手が述べることにより何かを意味すること」("when one speaks one means something by what one says") (pp.42-43) であると定義し、$F(p)$（変項 F は発話の力の表示、p は命題内容の表示）という記号式で表している。また、発語内行為は文の統語構造と対応関係にあり、命題内容と発話の力を

それぞれ表す部分に区分することができると考えられている。その典型的な例として、行為遂行的発話 'I promise that I will be there.' は「約束」という発話の力を表示する 'I promise' と命題内容を表示する 'that I will be there' へ区分できる。また、'Tom is guilty.' のような事実確認的発話でも、遂行動詞が暗示された発話の力の表示部分 'I say/ state' と明示された命題内容部分からなると考えられる。

　Searle (1969) は個々の発話行為を特徴づける適切性条件 (felicity condition) をもうけることで、さまざまな発話行為の一般的な記述を試みた。例えば、'I'll be there.' が「約束」という発話の力をもちうることは、約束という発話行為が成立するための適切性条件を (1) のように満たしていることから説明できる (S は話し手、H は聞き手を表す)。

（1）　命題内容条件：S は「そこへ行く」という未来の行為を述べている。
　　　準備条件：　　S と H にとって「そこへ行く」という行為の実行は明らかではないが、H はそれが好ましいと信じている。
　　　誠実条件：　　S は「そこへ行く」意思がある。
　　　本質条件：　　S は H に「そこへ行く」という義務を負う。

明示的遂行発言を考察の主たる対象とする伝統的な発話行為論では、発話が遂行する発語内行為は社会慣習により確定される。言い換えれば、発話の形式と意味は社会規約というコードにより関係づけられていると考える。議論の中心は、慣習的に意味が理解される字義通りかあるいはそれに近い発語内行為に限られたものであり、適切性条件ももっぱらそうした発話行為に適用される。

　発話の力について、Searle (1975: 59-60) は次のように述べている。

（2）　… a sentence that contains the illocutionary force indicators for one kind of illocutionary act can be uttered to perform, IN ADDITION, another type of illocutionary act. There are also cases in which the speaker may utter a sentence and mean what he says and also mean another illocution with a different propositional content.

(2)は2つのタイプの発話行為について言及している。一つは、'I'll be there.' 'Why did you do it?' 'Shut the door.' やイディオム化された 'Can you pass me the salt?' のように、発話の力を表示する形式が同時に別の発話の力を遂行する場合である。これに対して、2つめのタイプでは、発話が特定のコンテクストにおいてもう一つの命題内容を伝達するために、それに応じて発話の力も異なる場合である。言われていることと推意されていることが著しく異なる間接発話行為（indirect speech act）の例として、(3)を見てみよう。

(3) a. ［登校前に、子供が母親に］I'm feeling bad this morning.
b. ［レストランの案内係が入口の客に］There are still enough tables here.
c. ［家主が見知らぬ訪問販売員に］This dog is dangerous.

両者の意味の隔たりが大きいために、それを埋めるには付記したコンテクストの情報が必要である。(3a)では子供が母親に学校を休みたいとお願いしている、(3b)ではレストランの案内係が客に食事を勧めている、(3c)では家主が訪問販売員にセールスに応じる意思がないために帰って欲しい旨を伝えていることがわかる。このような推意されている命題内容に連動して、伝わる発話の力が決まる。字義通りの発話の力と伝達される発話の力の相違は、(3a)では陳述と要請、(3b)では陳述と案内（勧誘）、(3c)では陳述と警告であろう。したがって、これらを 'I tell you/say that I'm feeling bad this morning.' 'I tell you/say that there are still enough tables here.' 'I tell you/say that this dog is dangerous.' と記述しても、遂行されている発語内行為を正確に記述したことにはならない。

(3)のような発話は、発話の意味伝達の間接性のために適切性条件に直接には当てはまらない。例えば、(3c)が「警告」という発語内行為を成立さ

せる適切性条件(4)にどのように当てはまるか考えてみればすぐわかる。

(4) 命題内容条件：命題内容 P は未来の出来事あるいは状態である。
準備条件：　P が生じる可能性は H にとって明らかではない。
誠実条件：　S は、P が生じることは H にとって利益にならないと信じている。
本質条件：　S は、P が生じることが H にとって利益にならないことを信じさせようとする。

(3c)の内容は話し手である家主が飼っている犬の性質を述べたものであり、未来の事柄とは関係がない。また、かりにその犬が危険だという現在の状態と聞き手である訪問販売員の不利益性について考えてみても、両者は直接には結びつかない。(3c)に警告という発語内行為を遂行する条件(4)が当てはまるのは、字義通りの命題内容 'This dog is dangerous.' ではなく、例えば 'This dog will bite your legs.' のような推意された命題内容であると言える。そう考えれば、噛みつかれることになるであろうという未来の出来事が実現するかどうかは聞き手にとって明らかではないが、それが生じれば必ず不利益を被ることになると話し手が聞き手に予め信じこませようとする警告行為として、(3c)は(4)の適切性条件を満たすことになる。

　字義通りの発話行為に適切性条件を当てはめようとするあまり、山梨(1986: 48)は(5)を挙げて、警告の命題内容は必ずしも未来に限定されるものではなく、自然現象(物理的状況)でもかまわないと説明する。

(5) I warn you that there is a big spider over there.

しかし、言われていること(向こうに大きな蜘蛛がいるということ)ではなく、推意されていること(向こうに行けば大きな蜘蛛に遭遇し、恐い目に会うだろうということ)が発話の命題内容だと考えることで、この例も(3c)と同様に適切性条件(4)を満たすことになる。

適切性条件は発話が遂行する典型的な（字義通りの）発話行為しか記述できないという指摘がしばしばなされる。しかし、言われていることと推意されていることの区別を行うことにより、適切性条件に基づく個々の発話行為の一般化は首尾よく行われるであろう。Searle (1975) は、記号式 F(p) で間接発話行為を記述していないが、適切性条件は字義通りの発話行為だけではなく、発話の命題内容が推意される発話行為に適用されうることになる。

1.2　発語内行為の確定

伝統的な発話行為論において、文はそれを発することで遂行される発話行為の範囲を特定すると考えられた。したがって、平叙文 (declarative sentence) は断定、疑問文 (interrogative sentence) は質問・情報要請、命令文 (imperative sentence) は命令・行為要請をそれぞれ遂行することになる。しかし、統語形式と行為の対応関係や発話の力の分類に焦点が置かれた発話行為論には、さまざまな議論が行われている。[1]

発話行為の対象は、行為として捉えられるものから発話解釈の対象となるものまで多種多様である。賭けや宣戦布告の際に用いる合図や言明、言葉でその行為を明言する感謝や約束などは慣習化された言語行為であり、その行為が理解できない場合には、行為として成立しないことになる。Sperber and Wilson (1986/1995: 245) は、発話解釈の対象として扱うべき言語行為は、その成立が社会や慣習に基づかない行為であると述べている。しかし、慣習的な発話行為でさえも、発話解釈の対象として考えることができる。映画 *Field of Dreams* の異なる場面から、2つの例を見てみよう。

（6）　a.　Annie:　Ray! Honey! Mom and everybody's leaving now.
　　　　　Ray:　　OK. Oh, well, it was…you know. <u>Thanks for coming</u>.
　　　b.　Voice:　"Ease his pain."
　　　　　Ray:　　What? I'm sorry, what? I didn't understand. What?

---

[1] 飯野 (2007) は、「発話行為論の3つのドグマ」という表現で、「一発話主義」「慣習主義」「発語内の力（の曖昧性）」を挙げ、それぞれを批判的に論述している。

> Voice: "Ease his pain."
> Ray: Ease his pain. What the hell does that mean? Ease his pain? What pain? All right. Whose pain? <u>Thanks a lot. Thanks a lot</u>.

明示的な遂行動詞 thank は慣習的に感謝という発話行為を伝達するが、主人公の Ray の2つの感謝表現は、異なる発話行為を遂行していることがわかる。(6a) の "Thanks for coming." はわざわざ家まで足を運んでくれた親族に対する感謝の意味に解釈できる。一方、正体不明の声を何度も耳にする (6b) において、"Thanks a lot." の2度の繰り返しは字義通りの感謝の表明ではなく、苛立ちや侮りのような話し手の心的態度を伝達する。飯野 (2007: 153) は、このように慣習的でありながら意味を伝達する非慣習的な側面を併せ持った発語内行為を考慮して、(7) のような三分法をとる。

（7）　意図主導型／／慣習主導型／／慣習的行為

それぞれの発語内行為は、語彙や表現形式により明確に区別できるものではない。発話解釈の対象となるのは、意図主導型と慣習主導型の発話行為である。さらに、その成立が社会や慣習に基づかない発話行為 ((7) の意図主導型発話行為) の理解に対して、Searle の発話行為論では、一つの発話 (あるいは言語行為) は同時に複数の発語内行為を遂行すると説明されるだけである。

（8）　Both because there are several different dimensions of illocutionary force, and because the same utterance act may be performed with a variety of different intentions, it is important to realize that one and the same utterance may constitute the performance of several different illocutionary acts. There may be several different non-synonymous illocutionary verbs that correctly characterize the utterance.

(Searle (1969: 70))

同一の発話は、さまざまに異なる意図を伴って用いられ得るがゆえに、互いに異なるいくつかの発語内行為を遂行する（同様の説明は Grundy (1995: 62-68) を参照）。Geis (1988) は、これらの発語内行為を、厳密な意味での発話行為 (speech act proper) に対して、社会的行為 (social action) と呼ぶ。

(9) <u>Speech Act</u>　　<u>Social Action</u>
　　　Assertion　　　conveying information, making a promise, making a claim, reporting, protesting, etc.
　　　Question　　　requesting information, issuing an invitation, making an offer, etc.
　　　Directive　　　directing someone to do something, etc.

Geis が発話行為と呼ぶものは、統語的な文のタイプと相関関係にある断定 (assertion)、質問 (question)、命令 (directive) である。こうした発話行為（関連性理論では、総称的発話行為 (generic speech act) と呼ぶ）は伝達が意図され、聞き手によりそれとして確定されなくてはならない。一方、社会的行為は、発話行為、発話の字義通りの意味、発話が用いられるコンテクストをもとに決まる (cf. Geis (1988: 39-40))。したがって、(3a-c) の要請、案内、警告などの行為は特定の場面において遂行された社会的行為となる。[2] しかし、伝統的に行われてきた発語内行為の分類や遂行動詞の区別は、具体的な行為に分類されるだけ発語内行為や遂行動詞が存在するということを述べているのであり、発話行為の解釈の仕組みを説明しているとは言えない。また、(9) において、発語内行為の分類を試みるとすれば、3つの発話行為をもとにした社会的行為の数は際限がないことになる。

---

[2] 注意すべきは、社会的行為は発語内行為にほぼ等しいと言えるので、慣習的行為と区別されなくてはならない。例えば、同じ「約束」という行為の遂行において、遂行節 I promise を明言する慣習的方法により発話の力の伝達を意図することもあれば、assertion という統語形式をとり聞き手による表意の復元を通して「約束」行為の伝達が成立する場合もある。

発話行為論では、遂行される発語内行為を唯一的に分類することに焦点が当てられている。しかし、発話の産出と理解に関わる諸側面を認知の観点から捉え直した場合、単独の発話により遂行される発語内行為は本質的には不確定なものであると考えられる。まず、発語内行為は、総称的発話行為とは異なり、それがどのような行為であるか唯一的に確定される必要はない（cf. Sperber and Wilson (1986/1995: 244-245)、Dominicy and Franken (2002: 263))。[3] 発話行為というものが、関連性の見込みのもとで遂行され、認知されているとすれば、行為の遂行と認知の特定化よりも、その意図明示的な行為がさまざまなコンテクストにおいて聞き手にもたらす認知効果の方が重要である。第二に、発話行為論において、発語内行為は発話行為とコンテクストの要請により成立するが、発語内行為の分類では捉えられないほど、発話が生み出す効果は多様かつ複雑である。(10)-(12) を見てみよう。

(10)　　The bus is leaving.　　　　　(Sperber and Wilson (1986/1995: 248))
(11)　a.　What were the causes of the First World War?　(Exam question)
　　　　　　　　　　　　　　　　　　　(Sperber and Wilson (1986/1995: 251))
　　　b.　[禁煙を一年の目標としながら、新年早々にタバコに火をつける相手に]
　　　　　What was your New Year's resolution?　(Rhetorical question)
　　　　　　　　　　　　　　　　　　　(Wilson and Sperber (1988: 92))
　　　c.　Now why did I say that?　(Self-addressed question)
　　　　　　　　　　　　　　　　　　　(Wilson and Sperber (1988: 93))
(12)　a.　Peter:　　Excuse me. I want to get to the station.
　　　　　Mary:　　Take a number 3 bus.　(Advice)

---

[3]　飯野 (2007: 222-225) も最小の処理労力で最大の認知効果を得る観点から発話の産出と解釈を捉えている。「依頼」「懇願」「哀願」といった行為を厳密に使い分けるためには、それらの微妙な違いを認識できていなくてはならないが、そのようなことが現実的に要求されることはあまりない。また、聞き手にとっても、発語内行為の厳密な特定は必要ない。

b.　Peter:　　　Can I open the window?
　　　　 Mary:　　　 Oh, open it, then.　(Permission)
　　　c.　[Mary, seeing Peter about to throw a snowball, says threateningly:]
　　　　 Go on. Throw it. Just you dare.　(Threat)

(Wilson and Sperber (1988: 80-81))

　文の統語形式から見た場合、(10)は断定、(11)は情報要請、(12)は行為要請である。断言文(10)は発語内行為の観点から、特定のコンテクストにおいて話し手の予測や信念、報告などの発話の力をもつと考えることができる。しかし、例えば、出発をためらっている相手に対して用いられた場合には、態度を早く決めないとバスに間に合わないという文脈含意、バスの出発を主張する相手に対してバスが動き出して用いた場合は、自分の考えが間違っていることを認める想定を伝達することになる。どのような推意を伝達しようとして発せられた発話であるかが重要であり、「注意喚起」「訂正」などの行為として分類することは、分類自体を複雑なものにするだけである。(11)はすべて疑問文でありながら、どれも相手に対して情報の要請をしてはいない。(11a)は相手が正解を答えること、(11b)は相手の喫煙をたしなめること、(11c)は自分の発言を反省することが目的で発せられたものである。命令文(12a-c)は、それぞれ、「助言」「許可」「威嚇」という行為を遂行している。しかし、こうした行為により、聞き手はなんらかの文脈含意を得ることができる。例えば、(12a)において、3番のバスに乗るようにMaryが忠告をすることにより、Peter「3番のバスに載れば首尾よく駅へ行ける」という新たな想定に辿り着くことができる。(12b)では、窓を開けたいと思うPeterの目的がMaryの許可により達成されるであろうし、(12c)では、Maryの威嚇という行為に、Peterは雪玉をMaryに投げればどのようなことになるか、理解するであろう。このように、断言、質問(情報要請)、命令(行為要請)がコンテクストの情報をもとに伝達する意味は、発語内行為あるいは社会的行為として分類されるものに比べてはるかに多様であり、伝達される推意や文脈含意に応じて、さまざまな意味をもつと言える。

■2. バックとハーニッシュの発話行為スキーマ

　Bach and Harnish (1979) は、Searle の記号式を援用しながら、発話行為の解釈における聞き手の推論過程までも考慮することで、伝統的な発話行為論ではあまり議論されてこなかった発話行為の意味記述を試みている。本節では、彼らの発話行為論と意味解釈の枠組みについて、関連性理論の観点から考えてみたい。

　Bach and Harnish の枠組みにおける発話行為の遂行と認知は、同じ言語コミュニティーに属する話し手と聞き手が共有する2つの推定 (13)、(14) を基盤とする。

(13) 言語的推定 (Linguistic Presumption, LP)：
共有されている言語表現が用いられた場合、聞き手はその表現の意味や背景的情報をもとに発話の意味を理解することができるという相互の推定

(14) 伝達の推定 (Communicative Presumption, CP)：
話し手が聞き手に何かを伝達する場合には、必ず発話の意図が伴うという相互の推定

発話行為の伝達と認知は、これらの推定に加え、話し手と聞き手が共有しているコンテクストの情報である MCB (mutual contextual belief) を含めた発話行為スキーマ (Speech Act Schema) で説明される。推論ストラテジーに基づく発話行為スキーマは、発語行為 (15) から始まる。

(15)   *Basis*

    L1. *S* is uttering *e*.   hearing *S* utter *e*

    L2. *S* means ... by *e*.   L1, LP, MCBs

    L3. *S* is saying that *(...p...)*   L2, LP, MCBs

    L4. *S*, if speaking literally, is

$F*$-ing that p.　　　　　　　　　L3, CP, MCBs

　まず、L1 において話し手により発せられた言語表現 e は、L2 における意味解釈のインプットとなり、聞き手は言語的推定とコンテクストの情報を用い、それが何らかの意味を伝達していることを理解する。さらに、L3 において、L2 の発話の意味とコンテクストの情報をもとに、話し手がある命題内容 p を述べていることを理解する。さらに、L4 において、コンテクストの情報と伝達の推定をもとに、字義通りの命題内容と発話の力（$F*$-ing that p、つまり $F*(p)$) による発語行為の伝達と認知が行なわれる。

　この発話行為スキーマは、伝統的に定式化されてきた字義通りの発語内行為 (16a) だけではなく、(16b-d) のようなさまざまなタイプの発語内行為をも記述する。

(16)　a.　直接的・字義的発語内行為（direct and literal illocutionary act, DL）
　　　b.　字義性に基づく間接的発語内行為（literally-based indirect illocutionary act, LI）
　　　c.　直接的・非字義的発語内行為（direct but nonliteral illocutionary act, DN）
　　　d.　非字義性に基づく間接的発語内行為（nonliterally-based indirect illocutionary act, NI）

4 つの発語内行為は、命題内容と発話の力の字義性と非字義性、推論の直接性と間接性に基づいて分類されている。それぞれの発語内行為の伝達と認知の過程は、発語行為 (15) からさらにスキーマを続けることで詳細に記述される (Bach and Harnish (1979: 76-77))。

　まず、直接的・字義的発語内行為 (16a) とは、'John will pay Sam back.' のように、発話の字義通りの意味と発話の力に直接的に結びつく発語内行為（ここでは 'say' あるいは 'state' といった遂行動詞が明示する陳述）である。

このような発語内行為が遂行される場合、言語コミュニティーにおいて共有された字義性の推定 (17) を用いて、(18) のスキーマのもとで直接的・字義的発語内行為 (DL) の解釈が行われる。

 (17) 字義性の推定 (Presumption of Literalness, PL)：
   話し手は字義通り話すことができればそうするだろうという相互の推定

 (18) 直接的・字義的発語内行為 (DL)
  L5. S could be F^*-ing that p.   L4, MCBs
  L6. S is F^*-ing that p.   L5, PL

聞き手は、発語行為 (L4) とコンテクストの情報を用いて (L5)、可能である限り字義通りの発語内行為が遂行されるという推定をもとに、字義通りの発話の命題内容と発話の力 (F^*-ing that p、$F^*(p)$) を解釈することになる (L6)。

 発話行為スキーマは、字義通りの発語内行為とそれ以外の発語内行為の記述を区別し説明することを試みるものである。さらに L6 の字義的な解釈に反するコンテクストの情報があれば、字義通りの発話行為が意図されたものではないと認知され、スキーマ (19) より字義性に基づく間接的発語内行為 (LI) が解釈される。

 (19) 字義性に基づく間接的発語内行為 (LI)
  L7'. S could not be merely F^*-ing that p. L6, MCBs
  L8. There is some F-ing that P connected in a way identifiable under the circumstances to F^*-ing that p, such that in F^*-ing that p, S could also be F-ing that P. L7', CP
  L9. S is F^*-ing that p and thereby F-ing that P. L8, MCBs

これらの間接発話行為が字義性に基づくと考えられるのは、発話の字義通

りの意味の伝達も行っているからである。聞き手は、状況から考えて単に字義通りの発語内行為を遂行しているのではないと推論し（L7'）、伝達の推定をもとに字義通りの発語内行為と関連のある別の発語内行為の遂行も意図されていると考え（L8）、さらにコンテクストの情報を用いて、別の発語内行為（*F*-ing that *P*、*F*(*P*)）を確定することになる（L9）。間接発話行為の例として、(20) を見てみよう。

(20) a. The door is over there. (used to request someone to leave)
b. My mouth is parched. (used to request a drink)
c. Did you bring any tennis balls? (used to inform *H* that *S* did not bring any)
d. It's getting late. (used to request *H* to hurry)

(Bach and Harnish (1979: 72-73))

例えば、(20a) では、話し手と聞き手が敵対関係にあるなどのコンテクストの情報を用いれば、単に「陳述」という発話の力 *F** と「ドアが向こうにある」という命題内容 *p* からなる字義通りの発語内行為 (*F**(*p*)) ではなく、「要請」という発話の力 *F* と「聞き手が部屋から出ていく」という命題内容 *P* からなる関連した別の発語内行為 (*F*(*P*)) が認知される。

発話行為スキーマは、発語された命題の伝達が意図されない非字義的な発語内行為の記述も可能である。その一つである直接的・非字義的発語内行為 (DN) は、控えめ表現 (understatement) や誇張表現 (overstatement)、同語反復 (tautology) や換喩 (metonymy) のような言葉の修辞的使用に関わる発語内行為である。スキーマ (21) は発話行為 (15) に後続する。

(21) 直接的・非字義的発語内行為 (DN)
L5'. *S* could not (under the circumstances) be *F**-ing that *p*.
L4, MUBs
L6'. Under the circumstances there is a certain recognizable

	relation R between saying that p and some F-ing that P, such	
	that S could be F-ing that P.	L3, L5', CP
L7.	S is F-ing that P.	L6', MCBs

　例えば、誇張表現 "Her eyes opened as wide as saucers." や換喩 "I have read all of Noam Chomsky." が字義通りの発語内行為（字義通りの命題内容の陳述）を遂行していないことは、技巧的な表現と極めて常識的なコンテクストの情報から容易に推察できる (L5')。したがって、伝達の推定をもとに、命題内容 p を発語しながら、それと関係のある非字義的な発語内行為（F-ing that P）の遂行が意図されていると考える (L6')。そして、さらにコンテクストの情報を用いることで、「彼女は目を大きく見開いた」とか「チョムスキーが書いた著作物をすべて読んだ」という陳述や主張などの発語内行為（$F(P)$）を確定することになる (L7)。

　直接的・非字義的発語内行為 (DN) は、発話の命題内容から直接的推論により導かれた非字義的な命題内容をもつ発語内行為である。これに対して、非字義性に基づく間接的発語内行為 (NI) とは、さらに間接的推論を用いて認知される発語内行為である。(21) に後続するスキーマ (22) を見てみよう。

(22)	非字義性に基づく間接的発語内行為 (NI)	
L8'.	S could not merely be F-ing that P.	L7, MCBs
L9'.	There is some F"-ing that Q connected in a way identifiable under the circumstances to F-ing that P, such that in F-ing that P, S could also be F"-ing that Q.	L8', CP
L10.	S is F-ing that P and thereby F'-ing that Q.	L9', MCBs

このスキーマを例 (23) で例証しよう。(23) は猫の尾を引っ張っていじめている相手に対して発せられたものである。

　(23)　I'm sure the cat likes having its tail pulled.

第3章　発話行為およびポライトネスと発話解釈

(Bach and Harnish (1979: 72))

(23)の話し手は、猫は尾を引っ張られたくないと思っているということを主張し、相手の行動をたしなめることを意図していると考えよう。その場合、誇張表現や換喩のように、命題内容から直接的に推論された発語内行為 $(F(P))$ が伝達されているのではなく (L8')、コンテクストの情報を用いることで、それ以上の発語内行為（字義通りの発語内行為とは逆の発語内行為）の遂行が意図されていると容易に推論することができる (L9')。さらに、猫の尾を引っ張るのは虐待であるとか、そのようなことをされた猫は痛い思いをするだろう、あるいは話し手は猫のことを心配しているというようなコンテクストの情報を用いることで、「猫の尾が引っ張られないこと」を命題内容 Q とし、「要請」や「命令」などを発話の力 F' とする間接的発語内行為 $(F'(Q))$ が確定されることになる (L10)。

4つの発語内行為の関係を簡略的に表すと、図1のようになる。

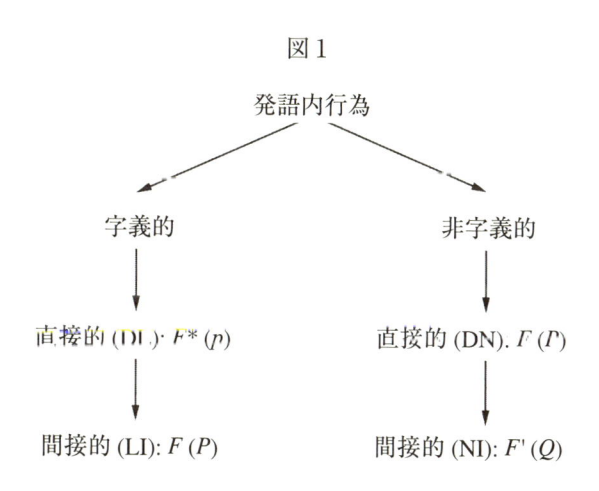

図1

発語内行為

字義的　　　　　　　非字義的

直接的 (DL): $F^*(p)$　　　直接的 (DN): $F(P)$

間接的 (LI): $F(P)$　　　間接的 (NI): $F'(Q)$

Bach and Harnish の発話行為スキーマは、語用論的推論をもとに、日常的な発語内行為が確定される過程を記述したものである。この発話行為スキーマに関して議論すべき点を3つ挙げたい。まず、発話行為の伝達と理

解には話し手と聞き手の協力が関わっている点は、Grice の協調の原理を踏襲したスキーマであると言える。随所に見られる発語内行為の確定を導く「単に～しているわけではない」という認識（およびスキーマの組み合わせ）は、まさに会話の公理と協調の原理との相互作用を表している。[4] このスキーマに基づけば、DL と LI および DN と NI は連続した推論ストラテジーをなしている。NI の場合、(23)で述べられているように、"I'm sure the cat likes having its tail pulled." が意図する発語内行為の解釈 $F'(Q)$ (requesting H to stop pulling the cat's tail) に至るためには、$F^*(p)$ から $F(P)$ を導く直接的推論、$F(P)$ から $F'(Q)$ を導く間接的推論の 2 つの推論が関わることになる。しかしながら、(23)において、$F(P)$ がどのような発語内行為にあたるのか説明されていない。Bach and Harnish による発話行為の意味解釈の仕組みは、呼び出し易い想定から解釈に用いられるという関連性理論による解釈の仮説とは異なるものである。

　次に、発語内行為の確定に関わる直接的推論と間接的推論がどのように異なる推論であるか明確にされなくてはならない。さらに、LI と DN に対して、同じ記号式 $F(P)$ が用いられている。しかし、これらの発語内行為は、推論のタイプが異なる以上、異なる種類の意味をもつと考えられるので、同じ記号式で表記するのは適切ではない。以上の 3 点について、次節で議論したい。

■ 3. 発話の力と高次表意

　本節では、第 2 節の最後で述べた 3 つの点について、関連性理論における発話の明示的意味（表意）と暗示的意味（推意）の区別および文脈想定の呼び出し可能性をもとに考えてみたい。

　まず、直接的・字義的発語内行為の確定について、(24)を用いて考えてみよう。

---

[4]　協調の原理の詳細は、第 2 章 1.1 節を参照されたい。

(24) Mary (to Sam): John will pay you back.

　Maryの発話はSamにとって最適な関連性の見込み(つまり、Maryの発話はSamにとって注意を払うだけの重要な内容を伝達しており、不当な処理労力をかけなくても適切な認知効果を得ることができるという期待)を伝達している。字義通りの発語内行為の場合、発話行為論では(24)そのものが発話の命題内容であると考えられている。それに対して、関連性理論では、符号化された意味の解読後に語用論的に拡充された(25)のような表出命題(表意)が発話の命題内容であると考えられる。[5]

(25) John will repay Sam in full soon.

　さらに、発話の意味の復元には命題内容のみならず、発話に伴うイントネーション、発話時の態度や雰囲気(表情やしぐさなど)が含まれる。これらは基礎表意(basic explicature)(25)を発話の力や命題態度の記述で埋め込んだ高次表意として記述することができる。したがって、Maryの発話(24)は語用論的推論を用いて(26)のような高次表意を伝達していると解釈される。

(26) Mary predicts / believes / is expecting / is relieved that John will repay Sam in full soon.

(26)では予測という発語内行為、信念や期待、安堵という命題態度まで表

---

[5] 表意の復元に関わる語用論的推論は、真理条件が問えるくらいまで行われるというよりも、符号化された意味を意図した表出命題へと拡充するために必要な推論だと考えるのが妥当であろう。どの要素まで表意として復元する必要があるかはコンテクストにより決まる。(24)の表意の構築に関しては、借りたお金が返済される場合には近い内に全額返済されるという共有された想定が用いられると考えている。この点ではGriceがいう最小命題よりも射程が広い概念である。

意の一部として復元されている。字義通りの発話でも、その解釈には語用論的推論が関わっており、伝達する発語内行為は多様であることが説明できる。

　発話解釈に明示的意味が関わる点では、誇張表現や換喩のような直接的・非字義的発語内行為の意味解釈の場合も同じだと言える。換喩 (27) の不完全に符号化された意味は、(28) のような想定を用いた推論により表出命題 (表意) (29) へと拡充される。

(27) I have read all of Noam Chomsky.
(28) Noam Chomsky is one of the world's most famous scholars who has published many books and essays.
(29) The speaker has read almost all of Noam Chomsky's books and essays.

Bach and Harnish がこれらの推論を直接的推論と呼ぶ理由は、表意を構築するために百科事典的想定のような呼び出し易い想定を用いた推論であるからであろう。さらに、高次表意 (30) はそれぞれ主張という発語内行為、信念や自慢という命題態度を表意の一部として拡充したものである。

(30) The speaker claims / believes / boasts that he has read almost all of Noam Chomsky's books and essays.

このように考えると、直接的・字義的発語内行為 (24) と直接的・非字義的発語内行為 (27) は、活性化される想定のタイプは異なるものの、発話の明示的側面 (表意) を形成するための推論が関わっていると言える。

　それに対して、字義性に基づく間接的発語内行為 (LI) と非字義性に基づく間接的発語内行為 (NI) は、ともに推意として解釈されたものである。LI の例として、(31) を考えてみよう。

(31) Tom (to his mother): I'm feeling too bad.

ある朝、体調の悪さを説明する息子の行為の意図明示性とその発話が最適な関連性の見込みを伝達しているという期待により、息子の発話(31)は母親にとって十分に関連性があると言える。(31)の不完全に符号化された意味は、今朝がどのような日か(休日かそうではないか)、どの程度体調が悪いのかなどについて語用論的推論を働かせることで、母親は基礎表意(32)と高次表意(33)の両方を構築することができる。

(32) Tom is feeling too bad to go to school this morning.
(33) Tom claims / regrets / is sad that he is feeling too bad to go to school this morning.

高次表意(33)は直接的・字義的発語内行為の記号式 $F*(p)$ (p は表出命題「学校へ行けないくらい今朝は体調が悪い」、発話の力 $F*$ は「陳述」や「主張」など)で記述することができる。しかし、母親は高次表意(33)から、息子と自分の関係や自分の役割などに関する文脈想定をもとに、(34)のような推意を引き出すことが可能である。

(34) Tom is asking me to call his teacher to explain that he won't be able to attend school because he is feeling too bad this morning.

推意としての発語内行為が伝達される点では、非字義性に基づく間接的発語内行為(NI)の場合も同じである。

(35) I'm sure the cat likes having its tail pulled. (=(23))

(35)がその意図された発語内行為である「聞き手に猫の尾を引っ張るのをやめさせる要請」を伝達するのは、アイロニーの解釈と類似している。この発話行為が解釈されるためには、「尾を引っ張られた猫は痛い思いをする

だろう」「猫の尾を引っ張るのは虐待である」などのような想定の呼び出しが必要である。これらの想定は、聞き手自身の思考をエコーしたものというよりも、いきものとの関わりに関する規範や倫理意識をエコーしたものである (cf. Wilson and Sperber (1992: 60))。その結果、「猫の尾を引っ張るのを制止する」という意図された要請が推意結論として伝達される。Bach and Harnish は、(31) を $F(P)$、(35) を $F'(Q)$ という異なるタイプの発語内行為として記述しているが、ともに推意として発語内行為が派生されることを考えると、両者の区別は必要がないことになる。

以上の議論から、4つの発語内行為は、派生される意味と活性化される文脈想定の違いで、(36) のように整理することができる。

(36) 明示的意味（表意）に関わる発語内行為 —
　　　直接的・字義的発語内行為 (DL): John will pay you back.
　　　直接的・非字義的発話行為 (DN): I have read all of Noam Chomsky.
　　暗示的意味に関わる発語内行為 —
　　　字義性に基づいた間接発話行為 (LI): I'm feeling too bad.
　　　非字義性にもとづいた間接発話行為 (NI): I'm sure the cat likes having its tail pulled.

DL と DN の解釈において、表出命題の確定により発話の明示的意味（命題内容と発話の力）が構築されている。一方、LI と NI の場合、推意としての命題内容と発話の力が確定されることから、暗示的意味の導出が関わっている。さらに、この明示的意味／暗示的意味という違いが、語用論的推論の直接性／間接性の区別に反映されている。DN では、表意を構築するための百科事典的知識のような呼び出し易い文脈想定を用いた推論、NI では、推意を導出するための具体的なコンテクストの想定を用いた推論がそれぞれ用いられている。また、LI に関わる推論も後者であるため、両者を $F(P)$ と $F'(Q)$ と異なる発語内行為で表記する必要はないであろう。一方、LI と

DNでは、ともに F(P) で表記されているが、前者から導かれる発語内行為は暗示的な意味（推意）、後者のそれは明示的意味（表意）であると考えられるため、同じ表記で発語内行為を示すのは適切ではない。(36) のように整理することで、発話行為の解釈も発話解釈の一連のオンラインプロセスの中に組み込むことが可能である。[6] また、字義通りに言ったことが必ずしも発話の明示的な意味（表意）であるとは限らないし、また、字義通りに言わないことが暗示的な意味（推意）を伝達するとは限らないことになる。

■ 4. ポライトネスと意味解釈

4.1 発話解釈の補助手段としてのポライトネス

ポライトネス (politeness) とはわれわれの社会的行為の基盤となる一つの動機であり、Brown and Levinson (1987) を始め、語用論的現象を説明する概念としてさまざまな考察がなされてきた。Leech (1983) は、対人コミュニケーションの視点から、発話の伝達に関わる行動指針としてポライトネスを (37) のように捉えている。

(37) Negative politeness . . . consists in minimizing the impoliteness of impolite illocutions, and positive politeness consists in maximizing the politeness of polite illocutions.

(Leech (1983: 83-84))

Leech のポライトネスの原理 (Politeness Principle) は、本来ポライトではない命令などの発話はできるだけ無礼さが控えめに伝わるように努力し、申し出や招待のようなポライトな発話はできるだけポライトネスが大きく伝わるように努力するというわれわれの一般的な言語行動を動機づけている。このような言語行動の基盤としてのポライトネスの遵守とは、対人コミュニケーションにおける会話参与者相互の期待に他ならない。会話参与

---

[6] 発話解釈のオンラインプロセスについては、第1章4節も参照されたい。

者の関係には、self（自己）と other（他者）という概念が含まれる。

　Leech の重要な示唆は、こうした行動指針の期待が、協調の原理と関わることで発話解釈にも生かされるということである。

(38) ... [I]t must be admitted that the CP [Cooperative Principle] is in a weak position if apparent exceptions to it cannot be satisfactorily explained. It is for this reason that the PP [Politeness Principle] can be seen not just as another principle to be added to the CP, but as a necessary complement, which rescues the CP from serious trouble.

(Leech (1983: 80))

発話解釈におけるポライトネスの原理の役割は、協調の原理だけでは十分に説明できない場合に補完する手段として働くことにある。発話解釈における2つの原理の関わりについて、(39) と (40) について考えてみよう（大文字の BILL、ME にはともに下降上昇調のイントネーションが置かれている）。

(39) A: We'll all miss Bill and Agatha, won't we?
　　　B: Well, we'll all miss BILL.
(40) P: Someone's eaten the icing off the cake.
　　　C: It wasn't ME.

(Leech (1983: 80))

　(39) において、B の返答は A の質問に対して Agatha については寂しいのかどうか触れていないために、期待された情報量を与えていないという点で量の公理に違反している。また、(40) の母親 (P) と子供 (C) の会話において、子供を前にしてケーキの糖衣を食べた犯人を特定しない母親の someone の使い方も、同様に量の公理に違反したものである。(39) の B、(40) の母親の発話から算出される推意は、それぞれ「Agatha については寂しくは思わないだろう」、「子供がケーキの糖衣を食べたのだろう」というもので

あろう（後者の証拠として、子供はその推意を認知して自分が食べたのではないと反論している）。しかし、言われていることと協調の原理を両立させるために含意が算出されるという Grice の会話の含意の枠組みだけでは、なぜこうした特定の含意が生じるのかは説明できない。

　Leech は協調の原理に加えて、話し手がポライトネスという社会の期待を満たしていると考えることで推意算出の仕組みを説明する。つまり、(39) の B は、Agatha への態度を明言することで情報量の多い特定的な言い方ができたにも関わらず、Agatha という第三者へポライトであろうとすることで明言化を控えたと考えるのである。同様に、(40)で子供のことを明言しない母親の発話は確かに情報不足ではあるが、それは子供を直接的に責めることを避けるというポライトネスが発話解釈に関わったためだと説明することができる。

4.2　ポライトネスと関連性

　発話解釈にポライトネスの原理が関わっていると考えることは妥当であろうか。(41)を見てみよう。

(41)　A: Where's my box of chocolates?
　　　 B: The children were in your room this morning.

(Smith and Wilson (1979: 175))

B の発話から、「子供たちが A の部屋からチョコレートをどこかへ持ち出した（あるいは食べてしまった）のかもしれない」という推意が算出される。発話解釈に協調の原理とポライトネスの原理を当てはめた場合、後者を優先させるために、あえて関係性の公理を破った答えをした（つまり、質問形式に直接当てはまる答えをしなかった）と説明できるだろう。(39)、(40) と同様に、ポライトネスの原理が関わることで発話解釈が行なわれていることになるが、B は誰に対してなぜポライトであろうとしているのであろうか。(41)はポライトネスという社会的行動指針を発話解釈に含めることな

く、関連性の原理に基づく推論により説明する方が自然である。Bの発話がAの質問に対して関連性をもつ返答であると考えた場合、A自身、チョコレートが自分の部屋に置いてあったことと子供達が今朝そこにいたことを結びつけることで、Bが意図した意味が解釈される。同様に、(39)の発話解釈の仕組みも、ポライトネスを持ち出さなくとも説明が可能である。

(39)　A: We'll all miss Bill and Agatha, won't we?
　　　　B: Well, we'll all miss BILL.

(39)においては、「BillとAgathaがいなくて寂しい」および「Billがいなくて寂しい」という想定に加えて、当該の話題について触れないということはその話題が真であるとは考えていないというようような一般的な想定を用いることで、「Agathaがいなくても寂しくない」という推意が算出される。Agathaへのポライトネスを優先するために、あえて量の公理に違反したと考える必要もないであろう。
　(40)において、ポライトネスの原理を遵守した発話であるという認識のもとで、子供(C)が母親(P)の推意を理解するという説明の妥当性はよく吟味しなくてはならない。

(40)　P: Someone's eaten the icing off the cake.
　　　　C: It wasn't ME.

Leechの説明によれば、(40)の母親(P)の発話を聞いた子供(C)が、糖衣を食べた疑いが自分にかけられていると解釈するのは、量の公理に違反してまでも母親が自分に対してポライトネスを示していると考えるからである。しかし、子供が必ずしもそうした社会的な行動指針をもとに解釈を行なっているという証拠はどこにもない。関連性による説明では、聞き手が用いる文脈想定により、さまざまな解釈に至ることを説明することができよう。母親の発言は、誰が糖衣を食べたのか知りたいと思っているという

第3章　発話行為およびポライトネスと発話解釈

伝達の意図が子供に顕示的に伝わるという意味で、十分に意図明示的である。母親の「ケーキの糖衣を食べたものがいる」という発話から、「誰が食べたか見当がつかない」「誰が食べたのか教えてほしい」など、さまざまな解釈が関連性をもっていると言える。また、明言しなかったのは子供への配慮（ポライトネス）ではなく、無言の叱責を意図したものだとも考えられる。したがって、話し手がポライトネスの原理に従った発話を行っているという仮定は、発話の意味を解釈するためのひとつのコンテクスト的情報であると考えるべきである。

　発話解釈の枠組みは、ポライトネスを尊重した会話を行うというわれわれの社会心理的傾向をも含めて、推意が算出される仕組みを認知的に妥当な形で説明する必要があるであろう。関連性理論は、Grice の協調という行動指針と同様に、Leech のポライトネスを意味解釈の説明基盤とは捉えない。そのために、(39)と(40)はポライトネスを基盤にして伝達される意味だけではなく、他の種々のコンテクストにおいて伝達される意味についても説明することができる。

　語用論的推論過程では、インプットされた発話に対して聞き手自身がさまざまな文脈想定を用いることで意味解釈が行われる。発話解釈のために呼び出される文脈想定には、次のようなものがあると考えられる。

(42)　a.　information about the immediate physical environment or the immediately preceding utterances
　　　b.　expectations about the future
　　　c.　scientific hypotheses or religious beliefs
　　　d.　anecdotal memories
　　　e.　general cultural assumptions
　　　f.　beliefs about the mental state of the speaker, etc.

(Sperber and Wilson (1986/1995: 15-16))

文脈想定はいくつかのタイプに分類できる。先行談話の情報や発話の場面

の物理的環境に関わる想定(42a)は、話し手と聞き手が共有する直接的に呼び出し可能な想定である。また、将来に関する期待(42b)、逸話的記憶(42d)、話し手の心的状況の読み(42f)などは個人に関わる想定であり、科学的仮説や宗教的信念(42c)、文化的知識(42e)は特定的な分野に関わる想定であると言えよう。ポライトネスの原理を用いて意味解釈を行なう場合、社会的指針としてではなく、文脈想定に取り込んだ形で用いることで、認知的に健全に説明が可能になる。

Leech (1983: 150) 自身もポライトネスの原理の普遍性について次の2つの問題点を挙げている。まず、ポライトネスの基盤にある対人的レトリックのパラダイムは、言語の社会的側面を強調するあまりに心理的側面を考慮していない。したがって、協調の原理のみならずポライトネスの原理においても、言語使用者の個性や態度により遵守の程度が少なからず異なることが触れられていない。また、ポライトネスの原理は言語と文化の類型的研究に裏付けられた原理ではなく、異なる文化や社会によって相対的な値をもつ。さらに、同じ事柄でも、社会階層の中の立場によりポライトか否かが決まる (cf. Mey (1993: 68))。ポライトネスの原理も、協調の原理と同様に、発話解釈に用いる場合には慎重であるべきであろう。

Leechのポライトネスの原理が普遍的な原理として捉えられるか、あるいは遵守の程度は文化間、言語コミュニティー間で相違があるのかよく議論される。たしかにポライトネス志向の伝達と認知は、一般的に重んじられる傾向があるであろう。しかし、関連性理論では、それらを呼び出し可能な社会的あるいは文化的想定として文脈想定の中に位置付けることにより、ポライトネスという行動指針が発話解釈に関わらない場合についても、ポライトネスに関する文脈想定が呼び出されない場合として矛盾なく説明できる。協力やポライトネスを始めとして、誠実さ(sincerity)や道徳性(morality)のようなさまざまな行動基準 (cf. Bach and Harnish (1979)) を発話解釈に関わる原理であると考えるならば、それらの行動基準の反証の必要性を増やし、推論過程を複雑にするだけであろう。関連性とは伝達と認知の効率をつかさどる認知能力に関わるものであるので、文化的あるいは社

会的な原理とは異なり、発話解釈全般を説明することができる。

■5. おわりに

　本章では、伝統的な発話行為論および Bach and Harnish の発話行為に対して、関連性理論の視点から発語内行為の解釈について考察した。関連性理論において、コンテクストの想定は予め与えられているものではなく、心的に表示される聞き手の文脈想定であり、呼び出し易さの順に発話の意味解釈に用いられる。これは、話し手と聞き手に共有されたコンテクストの想定が選ばれる手順を考慮しない Bach and Harnish (1979: 92-93) と対照的である。また、発話行為スキーマで想定されている語用論的推論は、伝達の想定に支えられ、発話の妥当な解釈へと導く推論 (an inference to a plausible explanation of the speaker's utterance) (p.92) とだけしか説明されていない。これに対して、関連性理論は、発話解釈に関わる意味のさまざまな段階のすべてを考察の対象とし、発話により符号化された意味から語用論的推論をとおして表意が構築され、推意が派生される過程を記述する。発話行為の解釈も一連のオンラインプロセスの中に組み込むことが可能である。

第4章

after all が符号化する手続き
―譲歩と正当化の認知的基盤―

　この章では、関連性理論の観点から、譲歩と正当化の用法における after all の一義的説明を試みる。after all が符号化する手続き的意味に関しては、Blakemore (1987, 1992, 2002) や Carston (2002) などの関連性理論の多くの文献の中ですでに議論されている。その定義を修正し，after all を含む発話の解釈に関わる推論スキーマを提案することで、譲歩と正当化という異なる環境で用いられる認知的基盤を説明することが可能になるであろう。

■1. 譲歩的用法と正当化用法

　談話連結語が多機能的に用いられることは、これまでしばしば議論されてきた。同様のことは、談話において異なる振る舞い方をする現代英語の after all でも言える。本章では、典型的に文末に用いられる用法 (1a) を譲歩的用法、文頭の用法 (1b) を正当化用法として区別する。(本章の例文内の after all は便宜上太文字にしている。)

(1) a. She was staring wide-eyed and frightened at the supper room's open doorway which, like a proscenium arch, framed the Highland dancers and, quite suddenly, now also framed her lover. Sharpe had come to the ball **after all**. (BNC: CMP)
　　b. Well, don't you think that it's really rather improper for you to be doing this? **After all**, people are entitled to some secrecy, aren't they? (BNC: HE7)

　譲歩的用法は、必ずしもそうであるとは言えないが、典型的に節の右端

に位置する。譲歩という意味関係は、Quirk et al. (1972: 674) が述べるように、「以前に言われたことから見た現在言われていることの予期せぬ驚くべきさま」("the unexpected, surprising nature of what is being said in view of what was said before that") を表している。本章では、その定義を用い、譲歩的用法を、同一人物（つまり話し手自身）によりたった今言われたことと以前に言われたこと（あるいは言われたと推測可能なこと）との相反する意味関係を表す用法であると考える。(1a) は、Sharpe は来ないだろうという予測があったにも関わらず、来ていたことがわかったという意味に解釈できる。一方、正当化用法は、典型的に節の外（多くは文頭）に位置し、先行節の話し手の主張の理由や根拠を示す。(1b) では、相手の行為が不適切であると主張する理由として、秘密をもつ権利が挙げられている。こうした意味説明を行うと、両者の after all は全く異なる意味を持っているように感じられる。Traugott (2004) は、譲歩的用法を 'nonetheless' や 'despite what was expected'、正当化用法を 'because' と同義であると捉えている。

　発話解釈の観点から2つの用法を考えた場合、両者は共通の認知基盤を共有しているはずである。「修正オッカムの剃刀」や認知の経済性が示唆するように、語用論的原理が異なる振る舞いを可能にしていると考えられる（第1章8節を参照）。しかし、after all の2つの用法の関係性についての考察や、同じ言語表現が異なる環境に生起するという事実から生じる理論的問題を解決する直接的な試みは、これまであまり行なわれてはいない。日本人英語学習者は、after all をすべて「結局」という日本語で置き換えることが多く、after all が接続する発話の意味関係を概念で記述することは難しいと感じる。こうした after all の意味の問題に対して、概念としての意味説明を行うよりも、関連性理論による手続き的説明の方が有効である。これまで、関連性理論の枠組みで after all が符号化する手続き的意味の定義が行われてきたが、本章では、その定義を再検討することにより、関連性理論の枠組みで譲歩 (concession) と正当化 (justification) の2つの用法の一義的説明の提示が可能であることを明らかにしたい。

■2. 関連性理論におけるこれまでの説明

2.1 Blakemore (2002)、Carston (2002)

　Blakemore (1987) において定義された after all が符号化する手続きは、既存の想定の強化、つまり後続節の命題が先行する陳述の根拠だと解釈させる制約にある。Blakemore (2002: 95) においても、after all を含めた談話連結語は、意図された認知効果のタイプを直接的に符号化すると述べられている。(2a, b) を見てみよう。

(2) a. Ben can open Tom's safe. **After all**, he knows the combination.
　　b. If Ben knows the combination of Tom's safe, then he can open Tom's safe.

(Blakemore (2002: 95-96))

(2a) の発話の解釈では、関連性の原理のもとで文脈想定 (2b) を呼び出すことにより、after all 節が先行節を強化している。同じ枠組みで、Carston (2002: 160-161) は、after all が符号化する制約を次のように詳細に例証している。

(3) It [The movie *Sense and Sensibility*] should be good. **After all**, Emma Thompson is in it.

(4) a. Emma Thomson is in *Sense and Sensibility*.
　　b. If Emma Thompson is in a film, the film is likely to be good.
　　c. If the film is likely to be good, we should go to see it.
　　d. *Sense and Sensibility* is likely to be good.
　　e. We should go to see *Sense and Sensibility*.

after all を含む発話 (3) の解釈は、基礎表意 (4a)、推意前提 (4b, c)、推意結論 (4d, e) により行なわれる。この推論の道筋において after all が符号化して

いる手続きというのは、after all の後続節が呼び出す想定を、先行節により伝達される命題の根拠として解釈せよということである（cf. Carston (2002: 161)）。

　しかし、認知効果を直接符号化するという仮説は、一義的説明の枠組みにおいて after all が符号化する手続き的制約を正しく把握してはいない。想定の強化だけではそれ自体譲歩的用法の手続きにはあてはまらないし、結論と根拠という2つの項からなる命題の推論的結合を表す(4)の推論プロセスは、先行する期待が呼び出されるという本質的な推論を含んでいないからである。したがって、この仮説は譲歩的用法の分析を説明していないことになる。また、Blakemore の卓越した研究において、譲歩的用法が符号化する意味の直接的言及も、2つの用法の関係性についての言及もなされていない。その証拠に、文末の用法は文頭の用法とは区別をするべきだと首尾一貫して主張されている（cf. Blakemore (1987: 86)、Blakemore (1992: 152)）。

　関連性理論において、正当化用法は、推意への手続き的制約を符号化する非真理条件的表現としてこれまで議論されてきた。しかし、文法的には副詞句として分類される譲歩的用法の after all を、同じ議論の枠組みから除外する理由はないであろう。談話連結語は、統一した文法カテゴリーから構成されているのではなく、さまざまな統語範疇からなる非真理条件的連結表現のグループであるからである（cf. Fraser (1990: 388-389)、Fraser (1999: 943)）。

　いくつかのテストを用いれば、譲歩的用法を正当化用法と同じ手続きの枠組みで説明できることがわかる。最初のテストは、対話において、特定の言語表現の使用が偽判断を受けるかどうか調べることである。概念は命題の一部となるが、手続きは命題を構成することはない。もし文末の after all が 'despite what was expected' のように概念化できるとすれば、話し手はそれを誤った意味で用いた場合に嘘だという非難を受けうることになる。次の対話を見てみよう。

（5） A: I failed the exam **after all**.
　　　 B: ?That's not true. You shouldn't think your expectation didn't come true, but rather you didn't study hard enough.

(5)において、話し手Aの発話が話し手Bから嘘だという非難を容易に受けるとは考えられないのは、試験に不合格だったのは「期待に反した」ことだと話し手Aの発話が意味していたかどうかが明確ではないからである。したがって、譲歩的用法のafter allも概念が符号化された表現ではないと言える。

　もう一つのテストは、この用法のafter allが発話の真理条件の一部になり得るかどうかを調べることである。概念は発話の真理条件の構成要素となり得るのに対して、手続きはそれ自体が真理条件の一部とはなり得ない。このテストでは、条件節内に埋め込む方法がよく用いられる (cf. Ifantidou-Trouki (1993: 80-82)、Ifantidou (2001: 102-112))。(6a)のafter allが条件節のスコープに入るかどうかを調べるために、(6b)を考えてみよう。

（6） a. John cannot come to the party **after all**.
　　　 b. If John cannot come to the party after all, he will send a congratulatory card.

(6b)において、話し手は(7a)が真である場合にジョンは祝賀カードを送るだろうと述べているのであろうか、それとも(7b)が真である場合にそうするだろうと述べているのだろうか。

（7） a. John cannot come to the party.
　　　 b. John cannot come to the party after all.

この問題に関して、話し手は(7a)が真である場合に祝賀カードを送るだろうと述べているのは明白である。したがって、(7b)は発話(6b)の真理条件

に貢献しないので、譲歩的用法も非真理条件的であると考えられる。したがって、これらの2つのテストを通して、譲歩的用法の after all も概念的意味を符号化しているのではなく、手続き的でありかつ発話の真理条件に関わらない言語表現であると言えよう。この点において、譲歩的用法は、正当化用法と同様に、手続き的枠組みでの説明が可能であることになる。

2.2 Fretheim (2001)

手続き的枠組みによる after all の一義的説明の試みもある。Fretheim (2001) は、伝統的に語彙的多義だと考えられるケースは、一義的に符号化された語彙の意味が、コンテクストにおいて必然的に調整されたものとして分析すべきだと主張する (p.80)。(8) は正当化用法、(9) は譲歩的用法を表す定式と例である。[1]

（8） a. *P*. After all, *Q*. / *P*. *Q*, after all.
   b. Derek knows exactly where Polly's birthmarks are. **After all**, he is her brother. / Derek knows exactly where Polly's birthmarks are. He is her brother, **after all**.

（9） a. *Q* (not necessarily ostensively communicated). *P* after all.
   b. Derek knows exactly where Polly's birthmarks are. He is her brother **after all**.

Fretheim の一義的議論の骨子は、譲歩的用法 (9a) を含む発話の解釈は、正当化用法 (8a) の場合と同じく 'If *Q*, then *P*' という前提を含んだ演繹的推論により行なわれるということにある。その推論において、after all の語彙的意味は、after all が修飾する発話を正当化用法の場合には前提に、譲歩的用法の場合には結論に解釈するよう聞き手に指図するという手続きにあ

---

[1] 今後の議論で用いるスキーマと表記を統一するために、(8) と (9) の *P* と *Q* は Fretheim (2001) で使用されたものとは逆に表記している。

り、その統語的位置がどちらかの**解釈を決めると考える**(p. 86)。[2]

譲歩的用法と正当化用法は、互いに関係づけられることなく、それぞれ、'(P) Q after all'、'P After all Q' としばしば表記される。しかし、統一的説明を目的としたFretheimの譲歩的用法のスキーマ(9a)において、after allに先行する命題はPと表記され、正当化用法と同様に、それが話し手の主張として解釈されることを示唆している。(9b)の第2文は(10)のように詳述できることからも、これは正しい見解である。

(10) (The speaker concludes / is convinced / believes, etc.) he is her brother **after all.**

(10)を日本語にした場合、「(だから)彼は彼女の妹だと言えるのだ／言えるんですよ」など、文末表現に高次表意を含んだニュアンスになるであろう。[3] このように、(9b)の第2文が伝聞表示(hearsay representation)のような高次表意ではなく、話し手の結論としての高次表意を構築するのは、after allの使用によるものであることは明らかである。

さらに、文末のafter allが事態の結果を表す意味での「結局」という概念ではなく、認識的領域(epistemic domain)における結論を表すことは、現実世界における内容領域(content domain)での出来事の結果を表す finally、eventually、in the end のような副詞や副詞句との共起が可能であることからもわかる(イタリック体は筆者)。[4]

---

[2] コーパスによれば、譲歩的用法は必ずしも文末で用いられるわけではないことがわかる。具体例は、第6章1.3節を参照のこと。また、正当化用法においては、本章4.3節で後述するように、Qが独立して後続談話に現れるという例もある。

[3] 日本語の文末表現と高次表意の関係は、内田(2001)を参照。after allが文末の「のだ」と呼応する判断文だとすれば、after allは話し手の判断を導く表現だと言えそうである。

[4] 3つの言語領域(内容領域(content domain)、認識領域(epistemic domain)、発話行為領域(speech act domain))における発話の解釈については、Sweetser (1990: 76-112) を参照されたい。

(11) a. If he did *finally* decide, **after all**, this wasn't the job for him, that snide comment should go some way to ensure that Lorrimer stood no chance of succeeding him as Director of Hoggatt's.

(BNC: G3E)

b. It indicates that a real change did *eventually* take place **after all**…

(BNC: A07)

c. And, *in the end*, she might not lose him **after all**. (BNC: H8S)

　さて、譲歩的用法を正当化用法と同じ手続き的枠組みで取り扱う Fretheim の試みは十分支持できるが、問題点がいくつかある。まず、この枠組みでは、根拠 Q と、結論 P を偽だと判断するために文脈から呼び出されるもう一つの根拠の対立が考えられている。しかし、この議論だと、そもそも譲歩的用法の解釈において、通常 Q が言語的に表現されないにも関わらず、そうした非明示的な根拠と対比されるもう一つの根拠の想定が必要になる。例えば、根拠が何ら伝達されずに用いられた "I cannot come after all." という典型的な譲歩的用法を含む発話を解釈する場合、聞き手は不参加の主張の根拠として呼び出した文脈想定と矛盾するさらに別の根拠を呼び出さなくてはならないことになる。一方、他の議論部分では、譲歩的用法は常に表現された命題 P と矛盾するもう一つの命題を活性化させるとも述べられている。それにも関わらず、結論 P と矛盾する命題に関しては、(9a) の譲歩的用法のスキーマでは表されていない。[5] こうした根拠の対立は、正当化用法 (8b) の分析においても首尾一貫して主張されている。根拠 Q は、結論 P を否認する文脈から呼び出されたどんな他の根拠よりも勝ると主張するが (p.85)、そうした対比された根拠は決して解釈の際には特定されない。むしろ、2 つの用法の解釈において、対立しているのは根拠 Q ではなく、結論 P であり、結論 P と対立する想定こそが解釈に関わる推論スキーマの中のもう一つの

---

[5] Fretheim の例 (9b) が譲歩的だと解釈されるためには、Derek が Polly の妹であることへの疑いがあることを示すために、is にストレスが置かれるであろう。しかし、この想定が (9a) の中でどのように処理されるかは明確ではない。

文脈想定として働いていると言えよう。この見方が正しければ、PとQからなるFretheimの2項表示では、一義的説明としては不十分であると言えよう。

■ 3. 文脈想定再考――2項表示から3項表示へ
3.1 譲歩における根拠

譲歩的用法は、先行期待とそれに反する結果（結論）という2項の命題が関わるとする説明がこれまで一般的である。また、Fretheimは、正当化用法と同じように、根拠と結論の2項で譲歩的用法を説明しようとした。本節では、2つの仮説を考慮した上で、譲歩的用法のafter allを含む発話の解釈に関わる文脈想定について考えてみたい。(12)を見てみよう（イタリック体は筆者）。

(12) I made one last effort to see if my parachute was still there, and to my amazement and relief found it had *not* been torn off **after all**.

(BNC: CA8)

(12)において、after allにより導かれた節は否定の言明を含んでいる。ここでは、after allにより導かれた命題に対する先行期待は、すでに発話の否定性により推意されている。その証拠に、after allなしの同一の発話でも肯定的な命題（例えば、「パラシュートは破れていたかもしれない」）が話し手により先行的に予測されていたと考えることができるであろう。このように、否定的言明の使用により肯定的な言明（先行期待）が強く推意されうる (cf. Givón (1978: 103-105))。この推論はafter allによりのみ行なわれているのではなく、"to my amazement and relief"のような事態の突然の変化を示すコンテクストの情報を伴なう否定的言明により行なわれていると言えよう。

同様のことは、強調のdoに関しても言える（イタリック体は筆者）。

(13) The general consensus on this matter was left undisturbed until 1984

when Mr Theo Laurentinus, an art dealer who specializes in Rembrandt prints, became convinced that the paper on which the etchings were printed *did* **after all** hold the key to their authenticity and thus to their value.　　　　　　　　　　　　　　　　　　　　　　　　(BNC: EBS)

(13)において、after all を含む発話の結論 P は否定的な期待を前提にして発せられている。強調の do はそれが含まれる言明が真であることを確証し、否定的言明を対比的に強調する (cf. Declerck (1991: 189))。(13) では、「版画が本物であることを紙が証明するわけではない」という芸術の世界で受け入れられてきた考えと「実際には紙が本物であることを証明する」という新しい見解の間に対比が見られる。そうした否定的言明を先行期待として呼び出すのは、強調の do によるものであり、after all のみがそれを行なっているわけではない。[6] after all は単に結論と相反する先行期待を呼び出すだけではないと言えそうである。

　譲歩において、先行期待と結論からなる 2 項表示に固執する限り、after all が符号化する制約は but が符号化する制約と混同されてしまうことになろう。実際、双方の談話連結語が符号化する手続きの類似性にも関わらず、after all は but で始まる等位節の中でしばしば生じる。

　(14)　a.　She'd been counting on rescue services arriving with the dawn, but maybe they wouldn't be coming **after all**.　　(BNC: AN7)
　　　　b.　In the heat of the moment he had wanted her but it had meant nothing **after all**.　　　　　　　　　　(BNC: HGK)

---

[6]　after all が否定の命題内で指示形容詞 such や指示副詞 so と共起している次の例も、本章の議論を支持する根拠となるであろう（イタリック体は筆者）。
　(i)　Maybe the commentator's lot is not *such* a happy one **after all**. (BNC: A6Y)
　(ii)　So dome-watching is not *so* dull **after all**. (BNC: ASR)
これらの例において、肯定文で表される評価がある程度想定されていたということが示唆される。after all を用いなくても、「話し手は発話時までそうした考えを多かれ少なかれ持っていた」という解釈に大きな影響を及ぼすことはないであろう。

(14a, b)において、but に先行する節は先行期待として推意を伝達する。(14a)ではレスキュー隊が来るということ、(14b)では彼女を欲することで彼に何かよい結果がもたらされるだろうということ、これらの先行期待はすでに but により呼び出された想定だと言える。

　Blakemore (2002: 95) では、but は「想定の否認と削除」という唯一の手続き的意味を符号化するという一義的説明を提示している。Blakemore (2002: 106) の例を見てみよう。

(15)　a.　Her husband is in hospital but she's seeing other men.
　　　b.　She is not seeing other men.

Blakemore は、(15a) の but に後続する第2節は、第1節の命題「夫は病院に入院している」と「夫が入院している時には妻は別の男性には会わないだろう」という推意前提との組み合わせにより派生する命題 (15b)「妻は他の男には会っていない」と矛盾し、それを却下している。言い換えれば、but は第1節により推意された命題と第2節により伝達された命題とが矛盾し、前者を削除せよという手続きを符号化している。したがって、after all により符号された手続きが「結論に反する先行期待を呼び出すこと」だとすると、(14a, b) では、but によりすでに制約された語用論的推論と同じ制約を課すことになるであろう。

　2つの談話連結語が同一発話内に用いられるのは、but と after all に限ったことではない。(16-17) は Rouchota (1998b: 116-117) の例である。

(16)　A:　That's how I feel about it!
　　　B:　*But* then, you're prejudiced, *moreover/too*.
(17)　A:　I just saw a bird in the garden.
　　　B:　*So*, the cat didn't eat them all, *then*.

(16)では "speaker A is prejudiced" という命題に対して、まず but により先行発話から呼び出される想定 "speaker A is not prejudiced" が削除される。さらに、moreover/too により、その "speaker A is prejudiced" という命題が、例えば「話し手 A と B は意見の不一致を解決しようとはしないだろう」という結論への補足的な根拠として解釈するよう聞き手を導いている。さらに、(17)では、so と then が類似の認知効果(先行発話の結論としての文脈含意を派生させること)をともに活性化していると言えよう。

本来、手続き的意味は、概念的意味とは異なり、意味合成規則を受けることはない。しかし、意味合成規則とは別の次元において、2つの類似する手続き的制約が発話の意図された解釈へ到達するために、あるいは類似する認知効果の解釈を得るために互いに協力して類似した手続きを符号化していると考えられる。2つの談話連結語のそれぞれの手続きが、協力して発話解釈に関わる推論に制約を与えると言えよう。2つ以上の談話連結語が同じ発話解釈の方向や、類似したコンテクストや認知効果の解釈をポイントしていれば、余剰性を感じさせずに使用される (cf. Rouchota (1998b: 116-117))。

それでは、同一発話内で after all が but や so と共起した場合の手続きについて、(14a)と(18)を見てみよう(イタリック体は筆者)。

(14a) She'd been counting on rescue services arriving with the dawn, *but* maybe they wouldn't be coming **after all**.

(18) "It is Charlie, isn't it?" said a voice from behind him. "*So* you're not dead **after all**." (BNC: K8T)

これらの例において、after all が but や so に後続し、ともにそれらを含む発話の解釈に貢献している。(14a)の解釈において、but の手続き的制約は第2節が表す命題が第1節により推意される想定を否認し削除することを指図し、さらに after all はその適切な根拠(例えば、突発的な事態の変化)を聞き手に呼び出させることを指図していると考えることができる。概念

表示への2つの談話連結語の協力的な手続き的操作は、soとafter allが共起する(18)にも見られる。soは、聞き手に先行発話や先行談話から特定の文脈含意を導き出す手続きを制約する談話連結語である。(18)において、Charlieはすでに死んでいるかもしれないという疑念をもつ中で、after allはsoにより導き出された推意結論（Charlieの生存）への十分な証拠（ここでは、話し手であるMrs Shorrocksが外へ突き出されたCharlieの姿を見たこと）を聞き手に想起するよう指図している。これらの例が示すように、after allが符号化する手続き的制約はbutやsoが符号化する手続き的制約とは独立していながらも、互いに補完、協力しながら発話解釈に貢献している。butやsoが符号化する手続きを補完すると考えた場合、after allを含む発話の解釈には、先行期待と結論という2つの想定だけではなく、根拠というもう一つの想定を含めた推論的結合が関わっていると考えられる。

3.2 正当化における先行想定

正当化用法の解釈に関する伝統的な2項説明は、結論と根拠を項としている。Lewis (2007: 93) は、正当化用法は議論（argument）、根拠（justification）、反論（counter-argument）からなるレトリックのパターンをとると指摘する。なぜ反論という項が必要であるかは述べられていないが、本節では、その理由を明らかにしたい。

Blakemore (1987: 81-87) は、after allが導入する根拠を示す命題は、聞き手にとって呼び出し可能性が高く、呼び出し済みの想定であると述べている。これは、根拠を表すafter all節が伝達する優位さや横柄さ（superiority and condescension）(cf. Traugott (2004: 556))と関連するかもしれない。話し手にとって正当化の最も効果的なやり方とは、主張したいこと（結論）を聞き手がすでに呼び出した情報で理由づけするような、ある種特殊な方法を選ぶことであろう。それでは、なぜ聞き手にとってそうした情報がもっとも効果的な根拠となるのであろうか。この特別な根拠づけはもちろん根拠づけられることの反映でもある。'P after all Q'の発話の中のP（結論）で表現されている命題は、聞き手の見方に対する話し手の主観的態度を伝達

したり (cf. Traugott (1997: 4), Traugott (2004: 556))、あるいは多少なりとも論議を引き起こす意見を含んでいる (cf. 松岡・ノッター (2004: 10))。言い換えれば、聞き手が呼び出し易い情報こそが、聞き手の同意を得ることが難しいように思える意見を述べる際の根拠として効果的に働くと言える。

談話戦略的な根拠づけのこのユニークさは、他の類似の表現と比べることで明らかになるであろう。(19) の 2 つの連結パターンは、等しく意見と根拠を表す 2 つの命題から成り立っている。

(19) a. Doctors should simply be encouraged to prescribe less; **after all**, 3 percent of admissions to acute wards are due to adverse drug reactions. (BNC: B7K)
b. Doctors should simply be encouraged to prescribe less because 3 percent of admissions to acute wards are due to adverse drug reactions.

(19a, b) ともに、「医師は処方する薬を減らすことが望ましい」という意見と「急患病棟への入院の 3 パーセントは薬の有害反応 (副作用) によるものだ」という根拠の関係を表している。しかし、類似の解釈を導きながらも、after all と because では一つの重要な点が異なっている。つまり、because はそれを含む発話の真理条件に貢献するのに対して、after all はそうではない。したがって、(19b) では、話し手は 2 つの命題の因果関係が真であることを主張しているのであり、聞き手はその因果関係の妥当性を認めるか認めないかに関して中立的な判断が可能である。さらに、どちらの判断もともに等しく考慮されるに値するので、話し手とは異なる意見が提示されることも可能になる。一方、after all 節は、先行節を解釈するための呼び出し易い想定であるために、(19a) では、聞き手は話し手の意見の妥当性を認める以外に選択肢はないという推意を伝達する。言い換えれば、結論と根拠の関係を伝達する発話の解釈における because と after all の選択には、聞き手の見方を操作する意図の有無が関わっていると言える。

after all が理由を表す他の談話連結語とは異なる手続きを符号化していることは、(20a-c)のように同一文内での共起が可能であることからもわかる（イタリック体は筆者）。

(20)　a.　You ought to obey the moral commands of the parents, *because* **after all** the parents weren't just benevolent entities who looked after you and rewarded you and praised you.　　　(BNC: HUN)

　　　b.　An officially estimated 75 percent of British children speak their mother tongue, which they hear at home, abysmally, and will, in the course of time, pass on to their own children, *since*, **after all**, languages are first learnt with the ears and not grammar books.

(BNC: AKS)

　　　c.　She had wanted to share the house *for*, **after all**, history belongs to everybody.　　　(BNC: ABW)

(20a-c)において、after all は異なる談話連結語 because、since、for と同一文内で共起し、かつそれらの直後に用いられている。後者3つの談話連結語は2つの命題の間の因果関係を概念的に符号化している。つまり、異なるタイプの談話連結語が、一方では概念的に、他方では手続き的に、それらが生じる発話の解釈に制約を与えていることになる。例えば、(20a)において、両親の道徳的な言いつけに従うべきであるのは、両親が子供の面倒をみてあげたり褒めたりするような単なる善意的な存在ではなかったからだと、話し手は because を用いて両者の因果関係を論理的に述べ始める。しかし、そうした根拠の提示の仕方が受け入れられにくいことを憂慮して、両親の日頃の接し方を想起させることで十分呼びし易い想定として提示するために after all を用いていると考えられる。(20b, c)でも、子供の言語習得や家とそこに住む人間との関係について、聞き手は自身が持っているそれらの想定を想起することで、談話連結語が結びつける2つの発話の因果関係を容認すると言える。単に2つの想定の間の主張と根拠という関係を

115

解釈するだけでは、聞き手はその主張を容認するとは限らない。話し手の主張の妥当性を認める選択肢しかないという推意は、聞き手がその主張に対する疑念や相反する意見を呼び出し、それを否定することにより生じると言える。こうしたコンテクストの絞り込みを考えた場合、正当化用法が用いられた発話の解釈では、結論と根拠に加えて反論のような先行想定が関わっていると結論づけることができよう。

3.3　3項表示に基づく推論スキーマ

これまでの議論をもとに、譲歩的用法および正当化用法を含む発話の解釈には、その手続き的制約において、(21)のような3つの想定が関わっていると主張したい。

(21)　$O\ (\neg P)\ P$　after all Q

2つの用法において話し手の主張を表す結論Pは言語的に顕在化する。しかし、譲歩的用法では、先行想定Oが言語的に明示されている例はまれであり、しばしば話し手が発言したり行なったに違いないこととして聞き手が呼び出す形で伝達される。さらに、この用法では根拠Qにあたる命題も後続しない。一方、正当化用法は、対話において別の話し手が明示的に述べる場合を除いては、先行想定Oとして働く命題は言語的に顕在しない。しかし、両用法におけるこれらの言語的に非明示的な想定は、語用論的に呼び出されると考えられる。また、両用法において、先行想定Oと結論Pは相反する関係にあるが、その関係は期待や予測とその非実現、一般的な想定と話し手の主観的な想定の隔たり、などのように緩やかな逆接関係にあると捉えられる。

この推論スキーマにおいて活性化される3つの想定(言語的に顕在化した命題と呼び出される文脈想定)について、具体的に説明する必要があるであろう。「結論」とは意思決定や評価、意見などを含めた話し手の最終的な言明、あるいは出来事の結果の認識を表している。「先行想定」とは、「結

論」と相反する関係にある期待、意図、一般的想定などを指す。「根拠」は、結論が真であることを支持する事実や情報、出来事の結果へ導いたと考えられる想定などを指す。after all に符号化された手続き的情報は、発話の意図された解釈に必要な3項に基づく推論を導き、特定の文脈想定の呼び出し可能性を高めると言える。第4節では、単一の推論スキーマ(21)をもとにした手続き的枠組みで、after all の譲歩と正当化の2つの用法がいかに統一的に説明可能であるかを議論する。

■ 4. 譲歩と正当化の一義的説明

4.1 譲歩の手続き

譲歩的用法の after all は、出来事の結果に対する話し手の認識的な結論や意思決定を伴う発話で通常用いられる。(22a-c) を見てみよう。

(22) a. Cecilia: Oh, a penthouse, the desert…kissing on a dance floor.
　　　　 Jane: So you did go to the movies last night **after all**.
　　　　　　　　　　　　　　　　　　　　(*The Purple Rose of Cairo* (1994))
　　b. She was staring wide-eyed and frightened at the supper room's open doorway which, like a proscenium arch, framed the Highland dancers and, quite suddenly, now also framed her lover. Sharpe had come to the ball **after all**.　　(BNC: CMP)(=(1a))
　　c. Either you put some flesh on the bones of your idea and your plan really takes off, or you begin to think of all the reasons why it won't work **after all**.　　(BNC: CDK)

(22a) において、Jane の発話の聞き手は、彼女の結論に反する先行想定(映画を見に行かないという Cecilia の実際の発言)を先行談話の中から呼び出すことになる。これは、先行想定が実際に言明されていることを必要としない (22b) と対照的である。(22b) では、「Sharpe は舞踏会には来ない」という先行想定は Sharpe 自身の発言から呼び出されたものではなく、単なる彼

女の疑念にすぎない。このように、先行想定と結論との相反する関係の程度はさまざまである。(22c)の発話の最も可能性の高い解釈は、ことが上手くいくだろうということが以前に述べられていたり、暗に伝達されていたということではなく、起こりうる可能性が五分五分の状況において、事態が上手くいかないことを予測しているということであろう。聞き手が先行想定を確定できるか否かに関わらず、after all により先行想定が呼び出され、聞き手が行なう推論を活性化させている。

　(22a-c)の発話の解釈には、さらに結論を主張するための根拠の呼び出しが関わっている。興味深いことに、これらの例では言語的に明示されていない想定、つまり現実世界において避けることができない当然視できる要因が、結果を生み出したあたかも十分な根拠であるかのように呼び出される。たとえば、(22a)において、Jane の返答は、避けられない状況の変化や Cecilia 自身の心変わりを考慮したものである。(22b)では、after all を用いることで、物事を好転させた確定できない要因を根拠として想起することで、Sharpe が舞踏会に来てくれていたことに対する彼女の喜びまでも伝達するであろう。それに対して、(22c)において根拠として解釈されるのは、ものごとを暗転させる予感や予兆のようなものだと考えられる。

　結論を支える根拠は、コミュニケーション上実際に存在していなくてもかまわない。招待を断るような場合によく用いられる "I'm sorry. I can't go with you after all." のような発話において、after all は言明のための緩衝表現（softener）や垣根表現（hedge）として働く。ここでは、行くことを妨げるような状況が実際に何も想定できないにも関わらず、行けない理由があるような含みをもたせることで、ポライトネスが優先された社会的に悪意のない嘘（white lie）としてうまく機能している。

　after all の後に言語要素が何も後続しないというこの特異な言語形式は、話し手の言語情報の最小限化と聞き手の推論的拡充を基盤にしたコミュニケーションの効率性を表している。こうした効率性は、「要求された以上の貢献をするな」という Grice (1975) の量の第 2 サブ格率や「言わないことはわかりきっていることだ」という Levinson (2000) の I 原理においても、こ

とばの伝達と認知に関する一般的な原理として説明されている。実際のところ、当然と思われている要因を根拠として一時的に呼び出すことは会話の推意によるものである。あらゆることが考慮されたにも関わらず先行想定とは相反する結果が生じたと認識された場合、われわれはその結論を受け入れるための根拠に相当するものがあると容易に推測することができる。したがって、当然と考えられることがら（つまり過分な労力なしに呼び出された文脈想定）が推論スキーマの中の根拠というスロットに一時的に指定されることになる。当然と考えられる根拠を構築することこそが、結果を導く本質的な理由が見あたらない状況において、2つの相容れない想定の間で感じる矛盾を解決するための最終手段となるであろう。[7]

4.2 正当化の手続き

正当化用法の after all においても、結論と根拠に加えて、反論というさらなる文脈想定からなる推論スキーマを考えることができる。(23a-c) を見てみよう。

(23) a. If we judge others, we are judging ourselves. **After all**, the world is a mirror. (BNC: CA5)

b. A: I just wondered what your response to it was, seeing as er what you're doing is getting information to which you're not entitled, and selling it for money to other people.

B: Ah, I'm sorry I can't comment.

A: Well, don't you think that it's really rather improper for you to be doing this? **After all**, people are entitled to some secrecy, aren't they. (BNC: HE7)(=(1b))

c. Creed gave Jed a drink. "**After all**, you don't have to drive to get home any more, do you?" (BNC: C86)

---

[7] 「挙げ句の果てには」「困難を乗り越えてやっと」「なんのかんの言っても」(cf. 内田 (2009)) といった意味合いを補足的に加えながら意味解釈を行なうことからも、先行想定に対して結論を納得するような理由を補っていると言える。

after all を含む発話が独話で用いられるかあるいは議論が白熱した対話で用いられるかにより、結論と先行想定の間の相反する関係にはさまざまな程度がある。例えば、(23a) において、聞き手は、先行発話（「他人を判断するということは自分自身を判断しているようなものだ」という想定）とそれに相反する呼び出した想定の矛盾の中で、after all 節が先行節を理由づけることにより、話し手の自己正当化の意図を理解する。一方、(23b) では、after all 節に先行する話し手 A の想定「他人の個人情報を売って金儲けをすることは不当なことだ」と "I'm sorry I can't comment." から推意される話し手 B の想定との意見の対立は顕在的である。after all が聞き手に課す発話解釈の制約とは、2つの想定の矛盾において、after all 節の想定「人には秘密を守る権利がある」という広く容認されうる社会的常識を根拠として、話し手 A の結論を処理することである。(23c) では、その日は車で帰宅しないという Jed 自身の情報を確認させることで、酒を勧める Creed の少し強制的な態度、さらには Jed からの拒否に先手を打とうとする Creed の意図が理解できるであろう。after all が符号化する手続きにより、先行節（Jed に酒を飲ませる Creed の行動）と相反する想定「Jed は酒を飲まずに帰りたいと思っていた」が呼び出され、after all 節の想定「Jed は車で帰宅する必要がない」を根拠として、前者の Creed の行動が処理される。

　正当化において、話し手の意見や評価が反駁されにくくするために、真理や共有知識、聞き手自身に関する背景的知識のような呼び出し易い情報が根拠として用いられる。このような結論の非反駁性は、当然その反論に対する話し手の憂慮を反映している。発話解釈の手続きとして、聞き手に結論と相反する想定を呼び出させ、after all 節を結論の根拠として処理させる。呼び出された相反する想定が却下されることで、after all は正当化という意味機能を担うと言える。[8]

　正当化と類似の用法として、文中に柔軟に用いられる次のような例がある（下線部は、根拠として解釈される部分を便宜的に示している）。

(24) a. As he took an eager gulp from his glass, he decided that Hank ought to tell his mother what he had been doing. He rationalized his cowardice by telling himself that, **after all**, it was Hank's headache, not his. (BNC: CDN)
　b. If everybody knows everybody else and they all go to the same parties, then there is bound to be a certain unanimity, if not in their judgements at least in their objects of attention. This is an almost inevitable function of the clubby atmosphere of the media in what is, **after all**, a very small country. (BNC: A4M)
　c. The men's fear of change took the form of vociferously defending the status quo in which **after all** they had everything to lose.
(BNC: EVJ)

　これらの例において、after all がそれぞれ that 節、what や which で始まる関係詞節内で生起しているが、after all はやはり 3 つの文脈想定をもとにした推論を制約している。(24a) において、「厄介な問題を抱えているのは自分ではなく Hank の方である」という内容を表す that 節は自身に語りかけたことではあるが、after all がその命題を導くことにより、同時に「彼」で示された人物が自分の臆病さを正当化する根拠として解釈される。(24b) では、関係詞節がメディアの世界を "small country" だと詳述するだけではなく、メディアが排他的な雰囲気を担わざるをえない根拠としても解釈できよう。さらに、(24c) においても、関係詞節は "the status quo" を詳述するだけではなく、推論過程の一部としても貢献している。つまり、男性は必死

---
[8] 第 1 章 7 節で見た談話の冒頭に用いられた Blakemore の例は、括弧により示された非言語コンテクストにおける話し手の普段とは異なる行為 (つまり、他よりも極端に大きなケーキを選ぶということ) を正当化している。結論 (普段とは異なる行為の遂行) の本質的な論駁可能性、予測される反発、根拠 (自分の誕生日の特典) の高い呼び出し可能性がこの例においても読み取れる。

(i) [The communicator takes an extremely large slice of cake]
　　After all, it is my birthday.

で現状を守ろうとするという見解に対する疑念に備えて、男性の脆弱さがその根拠であると解釈される。

　後続する命題を想起させることから、この用法を想起的用法と名付けてみよう。after all に後続する命題が根拠として想起される点から、この用法は正当化用法と類似しているように見える。しかし、先行想定が異なっている。正当化用法において、結論と相反する想定として呼び出される先行想定は聞き手の想定だと考えられ、話し手の想定との対立が暗示的に伝達される。それに対して、想起的用法の場合、先行想定は一般的な想定であり、結論および先行想定、さらに両者の対立は積極的に解釈されることはない。それは、この用法が、後続する想定を聞き手に想起させること自体を主たる制約とし、明示的に伝達される結論を必ずしも必要とはしないことと関係していると言えよう。

4.3　譲歩的用法と正当化用法が共有する認知的基盤

　3項表示による発話解釈のスキーマは、after all がなぜ譲歩と正当化という2つの異なる環境に適切に生じるのかを説明することができる。(25)を見てみよう。

　　(25)　Paul knows Paula well. He is her brother **after all**.

句読法や韻律のヒントがなければ、(25)は譲歩と正当化の解釈の間で決定不可能である。譲歩的解釈の場合、「Paul が Paula をよく知っているということ」が「彼が兄である」という結論の根拠であるということであり、正当化の解釈では、「Paul が Paula の兄であること」が「彼が Paula をよく知っている」という結論の根拠であるということになる。明らかに、解釈の確定には、結論と根拠という2つの想定の推論的結合の他に、もうひとつの文脈想定が関わっている。つまり、先行想定が解釈にどのように関わるかを理解して初めて、関連性の高い解釈にたどり着くことができる。譲歩的解釈は、「Paul が Paula の兄であること」と相反する想定（疑念のようなも

の)を呼び出した場合に生じ、正当化の解釈が生じるのは、「PaulがPaulaをよく知っていること」と相反する想定(反対意見のようなもの)を呼び出した場合である。ここで、結論に反するそうした想定が誰の想定であるかという観点から考えてみよう。そうすると、疑念や反対意見といった想定は、異なる2つの認知環境(前者は話し手の認知環境、後者は聞き手の認知環境)に属するものであることがわかる。この点において、譲歩と正当化の違いは先行想定が属する認知環境の違いに起因するものであると言える。

これは、同じ命題を含む(26a-b)を比べることにより明らかになる。

(26) a. On close analysis there are always differences in the individual's reactions to diseases. So no two people are exactly the same **after all.**
b. No two people are exactly the same. **After all**, on close analysis there are always differences in the individual's reactions to diseases.

譲歩的解釈(26a)と正当化の解釈(26b)の双方において、after allは「二人として全く同じ人はいない」という結論と相反する先行想定(例えば、「人は同じだ」)を喚起させるだろう。譲歩の解釈には、先行想定から結論への話し手の意見のシフトが関わっている。例えば、(26a)は人についての見方が同一から相違へとシフトしており、2つの想定は話し手自身の見方であるので、ともに話し手の認知環境に属している。一方、正当化の解釈では、先行想定と結論には対立関係がある。(26b)において、結論と相反する想定(「人は同じだ」)は、一般的想定であることも含めて聞き手の認知環境にあるものとして呼び出される。これらの違いに加えて、譲歩と正当化のもう一つの重要な違いは、after all節が何に対して根拠を与えているかにある。(26a)では、話し手の人への見方が同一から相違へとシフトしたことに対して、after allは、第1文で述べられた病気に対する個人の反応の違いに関する詳細な分析をその根拠として処理するよう指図している。一方、

（26b）では、after all は同じ分析結果を、「二人として全く同じ人はいない」という話し手の結論の根拠として処理するよう指図している。

　しかし、先行想定が誰の認知環境のものであるかは、特に結論が意見や評価を表す場合は確定が難しい。(27) と (28) を比較してみよう（根拠を表すと考えられる部分の下線は筆者による）。

(27)　My thoughts turned to more immediate concerns, and I excused myself. <u>When I returned, a small bouquet of three white carnations and a single red rose lay at my plate. I noticed the flower peddler was smiling. So was my husband. I smiled myself.</u> Maybe Paris isn't so bad, **after all**.

(http://goeurope.about.com/od/paris/a/paris_mcmahan_ 4.htm))

(28)　When Lonesome George, the last Pinta Island giant tortoise, died in June in the Galapagos, the world mourned the demise of a species. A report Wednesday, however, says that George was not lonely **after all**. <u>There are at least 17 tortoises on the Galapagos Islands that have similar genetic traits to George, including some that may be from his same genus, the Galapagos National Park said in a statement.</u> (http://www.channelnewsasia.com/stories/featurenews/view/1238839/1/.html)

これらの2つの例では、読み手が2つの対比される見方や評価（つまり after all に先行する節の想定とそれに反する先行想定）を呼び出すように指図されている点では同じである。そうした対比は、例えば、(27) においては 'Paris isn't so bad.'（結論）と 'Paris is bad.'（先行想定）、(28) では 'George was not lonely.'（結論）と 'George was lonely.'（先行想定）であろう。

　(27) において、after all を含む発話の最も可能性の高い解釈は、譲歩的解釈である。譲歩において、読み手は、after all に先行する発話「パリはそん

124

なに悪い街ではない」と相反する書き手の先行想定をそれ以前の談話から呼び出すことになる（実際に、先行談話では、書き手は恒常的な交通渋滞のせいで生じたパリ観光の不便さに対して不満を述べている）。読み手はさらに、下線部分で述べられた書き手の経験を根拠として処理することで、なぜ話し手のパリへの評価が否定から肯定へ変化したのかを理解するのである。根拠の明示性は、譲歩のタイプにより違いがある。(27)のように結論が話し手の見解の変化を表す場合には根拠は顕在化するが、(22a-c)のように話し手の意思決定や出来事の結果である場合には、顕在化する必要はない。

一方、"Ecuador's Lonesome George wasn't lonely after all"というタイトルのウェブ記事(28)において、after all 発話は正当化の解釈をもつと言える。(28)は、(27)とは異なり、カメの George が孤独かどうかについての書き手の見方が肯定から否定へと変わったことを表しているのではない。ニュースや娯楽記事では、書き手が新たに認識しなおした見解が表現されているというよりも、最近の研究結果から直接引用したニュース性の高いトピックを通常含んでいる。先行想定は、読み手を含む多くの人々がそれまで抱いていた「George は名前のとおり、ガラパゴス諸島のピンタ島で独りぼっちに違いない」というものであろう。島での George の孤独についての想定を呼び出した読み手は、書き手が提示する新たな事実との矛盾を認識することになる。しかし、after all の手続きにより、読み手は後続談話（下線部）で述べられる「George と類似した遺伝的特徴をもつカメがいる」という調査の結果を、「George は孤独ではなかった」という新たな結論の根拠として処理するであろう。

after all のこうした使い方は、ニュースや娯楽の記事のタイトルでの戦略的な特徴としてよく現れている。(29a-c)を見てみよう。

(29) a. Man flu may not exist **after all**
(http://timesofindia.indiatimes.com/life-style/health-fitness/ health/ Man-flu-may-not-exist- afterall/articleshow/ 17374920. cms)

  b. Sugar is no sweet **after all**

    (http://thehealthytruth.net/sugar-sweet-death.html)

  c. Michelangelo's David Not So Perfect **After All**

    (http://www-graphics.stanford.edu/projects/mich/publicity/
reuters-07jun00/reuters- 07jun00.html)

　これらの例もまた、譲歩と正当化のどちらの解釈であるか、この一文だけでは決定不可能である。しかし、これらは (28) と同じ理由で、すべて後続の本文にて根拠を提示する形の正当化用法だと考えられる。それゆえ、男性のインフルエンザの罹患率や砂糖の甘さ、ダビデ像の完成美に関する読み手の(一般的な)見方を、タイトルが表す新たな見方へと導くために、後続の談話でその根拠が提示される必要がある。例えば、(29a) は、本文で述べられる女性のインフルエンザとの比較に基づく新しい研究結果 (30) により正当化される。

(30) While the debate over the existence of 'man flu' continues, a new study has found that men are less likely to admit to having sniffles and sneezes than women. Women are 16 per cent more likely to say they are ill—and at greater risk from flu in the first place, according to the research, carried out by London School of Hygiene and Tropical Medicine last winter. The study also suggests that women have a greater chance of contracting the virus as they spend more time around children. "The biggest risk factor is having children under the age of 18 and for this reason women are more at risk of flu," the Daily Mail quoted Dr Alma Adler, head of the project, as telling the BBC.

　こうした一般的想定に反する可能性がある見出し(結論としての書き手の想定)は、それが聞き手の想定といかに対立するものであるかを意識させることで読み始めさせ、次に書き手の想定の妥当性を支持する根拠をテ

クストの本文から読み取るように指図していると言えよう。聞き手の関心は、2つの想定間の矛盾を解決するための根拠が、その後速やかに提示されることにある。

　(29a-c) において after all が用いられない場合でも、読み手は当然本文を読み進むであろうが、刺激的なそのタイトルの提示にただ疑問をもつことは否めない。正当化において言明される結論とは、他の意見と相容れない可能性のある主観的な見方や評価を表すことが多い。それゆえ、話し手や書き手の見方や評価が聞き手や読み手のそれに対して挑発的であればあるほど、また一般的想定とは相容れないものであればあるほど、矛盾という心理状態に置かれる。(29a-c) において、after all は、書き手のそうした想定の根拠が後続談話で提示されることで2つの想定間の矛盾が必ず解決されるということを伝達している。

　これまで、先行想定が属する認知環境の確定により、after all を含む発話の解釈に違いが生じるということを述べてきた。図1は、譲歩と正当化において、after all により符号化された推論の制約を示したものである。

図1　譲歩／正当化と after all の手続き

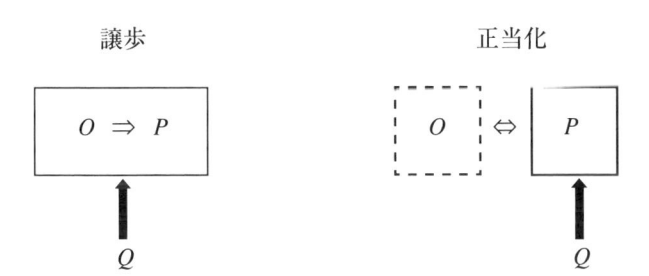

譲歩　　　　　　　　　　　　正当化

$$O \Rightarrow P \qquad\qquad [O] \Leftrightarrow P$$

$$\uparrow\qquad\qquad\qquad\qquad \uparrow$$
$$Q\qquad\qquad\qquad\qquad\quad Q$$

実線の正方形と長方形は想定が話し手の認知環境にあることを表し、破線の正方形はそれが聞き手の認知環境にあると仮定されていることを表す。譲歩的用法の一方向の矢印は、話し手の先行想定 O から結論 P への変化を示している。正当化用法の双方向の矢印は、聞き手の先行想定 O と話し手の結論 P の間の対立を示している。実線の矢印は、after all が後続節やコン

テクストから根拠を呼び出すことで、そうした想定間の矛盾が解決されることを表している。譲歩的用法では想定の変化、正当化用法では結論の妥当性に対して根拠が与えられる。

　after all に関する譲歩と正当化の解釈の相互作用は、3つの想定からなる推論スキーマにおいて手続きが活性化されることにより、おのずと生じるものであると結論づけることができよう。本節では、after all の手続きを (31) のように考えたい。

　　（31）　先行想定と結論の矛盾を解決するようなコンテクストで、after all を含む発話を解釈せよ

after all を含む発話が譲歩と正当化のどちらを意味するのかは、after all の文内の統語的位置により明確になるのではなく、after all 節がどのような想定の根拠として解釈されるかによる。譲歩においては先行想定から結論への変化を根拠づけることで先行想定が否定され、一方、正当化においては先行想定と結論との対比において結論の妥当性が強められる。この違いは、after all の用法の解釈が、認知効果の理解に基づいていることを示している。

■ 5. おわりに

　本章では、関連性理論によるこれまでの after all の手続き的意味の定義を修正することにより、譲歩的用法と正当化用法の認知的基盤について議論した。after all の機能は、それが符号化した手続き的情報とそれが活性化する語用論的推論の結果生じるものであり、譲歩／正当化という用語の区別は記述上の便宜に過ぎないと言えよう。after all が譲歩と正当化の2つの異なるコンテクストにおいてなぜ使用可能なのかという疑問にはこれまで適切な答えが出されていなかったように思われる。しかし、文脈想定が補充されることで発話解釈が行なわれると考えれば、譲歩では出来事の変化を受容するための根拠を、正当化では論議の余地がある意見や観点に対する反論を推論スキーマに埋めるのは自然な認知プロセスであろう。

認知効果を生み出す過程において、譲歩的用法では出来事や評価の変化により生じた不確定性の解決、正当化用法では聞き手の意見や一般的想定と話し手の意見の間の矛盾の解決のための手続きを聞き手に与えている。その手続きは、譲歩的用法では変化の特別な理由が説明できない場合に話をぶっきらぼうにしないための緩衝表現として機能し、正当化用法では聞き手を話し手の意見への同意へ導くための対人的なレトリックの手法として働いている。after all をめぐる手続きと認知効果に関する詳細な議論については、今後の研究課題としたい。

　明らかに、after all が活性化する手続きの制約に関する本分析は、関連性理論においてこれまで提案されてきたものよりも複雑である。それは結論と相反する先行想定を呼び出し、結論に理由や根拠を与えるという2つの指図から成り立っていると考えられる。こうした手続き的意味は、after all の語彙的意味とされる 'after all is said and done' や 'after all has been considered' から導かれると言えよう。それは、その語彙的意味そのものが、2つの想定の間の不確定性や矛盾が存在し、それが最終的に解決される全過程を示しているからである。after all の意味変化の考察は第6章で行いたい。

第5章

「だって」の意味
—想定の一致という接続関係—

この章では、関連性理論の視点から、日本語の接続表現「だって」の意味の考察を行なう。その談話機能は、それを含む発話が先行発話を正当化という関係でつなぐという説明がこれまで最も一般的である。しかし、発話の冒頭で使用されることや多くの場合に伝達される情的態度などの多様な側面を考慮すると、談話の結束性の特定化を目的とする談話的アプローチでは説明が不十分である。関連性理論における手続きという制約が「だって」を含む発話の解釈に関わるという観点から、「だって」が担う接続関係を考えてみたい。

■1.「だって」の多様な側面

まずは、「だって」の多様な用法とそれが使用される状況を考えてみよう（以下、例文内の太字は筆者）。

（1） ひらがなは、斜め読みに適さないね。だって、こう、斜め読みってたいてい漢字のほうでばばばばばーっていくじゃない。

(3205)[1]

（2） A: じゃ、べーすけっつーのはどう？
B: **だって女の子なんでしょ。** (8845 8846)

（3） A: コンドミニアムなんか全然広いしさぁ。
B: **だってちゃんとー、ベッドルームがふたつみっつとかあるもあるでしょ。** (638-639)

---

[1] 例文末の番号は、『男性のことば・職場編』および『女性のことば・職場編』から引用した会話データであることを示している。

（4） A: あー、もう、なんかあんまし乗り気じゃなくなっているんじゃない。
　　　 B: えっ、そんなことないわよー、ただ、○○くんが、ほんとかどうかってゆうのが心配なだけだけど。
　　　 A: そんないまさら、いまさら、なにー。
　　　 B: そうじゃない。**だって**。　　　　　　　　　(7104-7107)
（5） A: ○○ちゃんの顔見ながらいえない。
　　　 B: なんでー。
　　　 A: **だってだって**。　　　　　　　　　　　　(10496-10498)

(1)の独話型の「だって」は話し手の意見の正当化を行なう用法であり、英語の because に置換可能だとされる。対話の冒頭で用いられた(2)の「だって」は、相手の意見への不一致を表す発話（disagreement utterance）として英語の but の意味を当てはめることができる反論の例である。一方、(3)では、同じ対話型で、相手の意見への一致を表す発話（agreement utterance）として用いられている。(4)は、理由となるべき構成要素なしに用いられた例であり、(5)は情報伝達というよりも、感情的な意味合いが強く感じられる。このように、「だって」の使用には、独話と対話の場面、意見の一致と不一致の表明、論理と感情など、さまざまに対立する側面が関わっている。特に、不同意発話のみならず同意発話にも使用されるという事実は、「だって」の意味の記述を複雑なものにしていると同時に興味深い。多様な用法の解釈に関わる共通の認知的基盤を見つけることで、「だって」の意味や用法の関係性を明らかにしたい。

■ 2.「だって」節が接続するもの

接続表現「だって」がもつ意味の先駆的研究はメイナード(1993)および蓮沼(1995)であろう。メイナード(1993: 187)は、「だって」の中心的な談話機能を(6)のように「自己正当化（self-justification）」だと考える。

(6) [X だって Y] では、相手が「反対」又は「挑戦」した、又は、する可能性があると認められるコンテクストで、自分の立場を正当化する意図を前もって知らせる役目をする。

メイナードが「だって」の意味を話し手の立場の正当化だとするのに対して、蓮沼 (1995) は立場を表す発話や行動の正当化であると考える。蓮沼はメイナードの「X (立場) だって Y (支持)」という 2 項による論理関係を修正する形で (7) のように 3 項によるスキーマを用いている。

(7) [O だけれども P (なぜなら) Q だから]
O: 自分の立場と対立すると話し手によって解釈されるような聞き手 (や第三者) の発話や行動
P: 話し手の立場を表す発話や行動
Q: 話し手の立場を正当化する発話

蓮沼の 3 項説明において、「だって」の用法は、話者交替の有無や立場の対立の顕在化などのコンテクストの違いにより、O/P と Q の具現化の違いが生じることで次のタイプに分かれる。

(8) 抗弁型・挑戦型：O だって Q
補足型：P だって Q
折衷型：挑戦型と補足型の融合

抗弁型・挑戦型では、話者交替による対話において相手の立場への反論として、「だって」節により自己正当化が行われる。補足型の典型はいわゆる独話型の発話で用いられ、理由や根拠の提示により話し手の立場が反映された発話や行動が正当化される。折衷型は、対立と支持の両方の意味を兼ね備えた用法である。

これらの会話分析の手法による研究において、スキーマに用いられた「立

場」という概念は分析を曖昧なものにしていると言えよう。滝浦 (2003: 37) の例 (9) を見てみよう。

(9) 「おい、まだか？　だって、急ぐんだろ。」

蓮沼の分類では、(9) は相手の立場 O と話し手の立場 P との対立を表明する「O だって Q」の「抗弁型・挑戦型」を予測させる。しかし、滝浦の指摘によると、明示されているのは話し手の立場のみであるために、「P だって Q」の「補足型」に分類されるべきである。

蓮沼が「P だって Q」の補足型に分類する例 (10) においても同様である。

(10) 　A: お料理の手際、いいですね。
　　　　B: **だって、仕事をもっていたら料理に時間かけられませんからね。**

滝浦は、(10) に関して、先行発話 A が相手の立場の表明であるために、「O だって Q」の抗弁型・挑戦型に分類される誤った可能性を示唆している。こうした見解の相違は、メイナードや蓮沼が用いている「立場」という曖昧な概念から生じていると思われる。

それでは、「だって」節は何に接続するのであろうか。(9) や (10) の説明の曖昧さを解決する方法は、「だって」節が接続するのは、明示的に伝達されているかどうかに関わらず、それに先行する想定だと考えることである。この場合の想定とは、話し手（「だって」使用話者）の信念として心的に表示されたものである。それは、(1) のように先行発話から明示的に派生する想定であることもあるし、(2-3) のように先行発話が言語的に顕在でなくても、コンテクストにより呼び出される想定（推意）を接続する。そのように考えると、(9) において「だって」節が接続するのは、「おい、まだか？」という発話から表示される想定（「はやく支度を終えた方がよい」）、(10) ではコンテクストから呼び出された想定（「料理は手際よくやらなくてはならない」）である。

■ 3. 一義的説明のこれまでの試み

　メイナード (1993) と蓮沼 (1995) の説明では、「だって」の意味を対立と正当化の関係で捉えており、同意発話の分析について新たな説明が必要であるため、「だって」の意味を一義的に捉えるには不十分であろう。「だって」の一義的説明の試みとして、滝浦 (2003: 37) は、話し手の意見 P の正当化こそが「だって」の談話機能であると集約する。

　(11)　(O や P が明示的に述べられているか否かにかかわらず)
　　　　[だって Q] を述べることで P を正当化しようとすること

しかし、同意発話 (3) や Q が言語的に顕在化されない (4)、(5) の「だって」の機能については説明がなされていない。相手の意見 O に近い話し手の意見 P を正当化することにより、結果的に相手の意見に同意するという説明も可能であろうが、P の正当化（つまり自己正当化）が同意とどのようにつながるのかさらに説明が必要であろう。

　沖 (1996, 2006) は、「だって」の語義説明を詳細に展開し、その一義的意味は「理由説明」にあると主張する。(12)-(15) は、対話の冒頭で用いられたさまざまな用法の例を沖 (2006) から引用したものである。自己正当化 (12)、相手の発言への反論 (13)、相手の発言への同意や共感 (14-15) において、「だって」はすべて省略された括弧内の要素の理由を説明する。

　(12)　A:　あら、テレビ消しちゃったの。
　　　　B:　(消したよ。) **だって**、つまらないんだもの。
　(13)　A:　試験前だから勉強しなさい。
　　　　B:　(勉強しない。) **だって**、疲れちゃったんだもの。
　(14)　A:　ごめん。遅れちゃった。
　　　　B:　(いいよ。) **だって**、今日学校あったもんね。
　(15)　A:　明日スキーに行くんだ。

B:（そう。よかったね。）だって、ひさびさのお休みだもんね。

「だって」の一義的説明と省略要素の確定はスキーマ（16）に基づいている。

(16)　[状況：N]
　　　A:「[X]」
　　　B:「([P]) だって [Q]」

（16）の骨子は、省略された B の発言 [P] が不同意（反論）であるかあるいは同意であるかは、[状況 N]（A と B が対立的か親和的か）と A の発言 [X] により決まるということにある。しかし、[P] がどのように復元されるのか、また、なぜ省略されるのか十分な説明がなされていない。[2] さらに、対立／親和の関係は常に明確であるとは言えない。(12) のような対話や会話参与者間の関係が特定できない独話型の書き言葉の場合、双方の関係を対立的／親和的の二極のどちらかに当てはめることは難しい。むしろ、正当化と同意という異なる発話行為が「だって」をめぐってどのように結びつくのかという問題の方が興味深い。

■ 4.「だって」の意味再考
4.1　発話解釈の推論スキーマ

　本節では、関連性理論の立場から、「だって」の一義的説明を試みたい。言語表現に符号化された概念的情報と手続き的情報の違い（cf. Blakemore 1987: 144）の観点から考えると、接続表現「だって」は、それを含む発話の意図された解釈に到達するために必要な語用論的推論のタイプを示すための手続きを符号化していると言えよう。第 2 節で紹介した蓮沼（1995）の 3 項説明は、正当化という意味機能に関わる推論を説明するのに有効である。本論では蓮沼の視点をもとに、「だって」は、(17) の推論スキーマの 3 つの想定を活性化させることで発話の解釈に貢献すると考える。

---
[2]　沖（1996）の省略の仮説への疑問については Kubo (1999: 299-300) で指摘されている。

(17) 「O, P だって Q」
O: 相手[3]の想定
P: 話し手(「だって」使用話者)の想定
Q: P であることの理由・根拠

蓮沼の3項説明と異なる点は2つある。まず、3項は蓮沼の定義である「立場を表す発話や行動」ではなく、発話や行動から表示される想定である。次に、「O だって Q」「P だって Q」のような3項内の部分的顕在化により「だって」の多様な用法を説明する蓮沼に対して、以下の議論では、「だって」の用法には (17) の3つの想定すべてが関わると考える。自己正当化、相手の意見への反論、同意や共感という行為は、すべて話し手と相手の想定の認知的隔たりの調整に基づくものであり、「だって」はそうした両者の想定を近づけるよう後続節を処理することを聞き手に指図する言語表現であると考えられる。手続き的意味による一義的説明は、単一の語彙情報が語用論的推論を制約する結果として、一つの言語表現が2つ以上の意味を伝達することを説明することができるであろう。以上の枠組みのもとで、次節では多様な用法における「だって」の一義的説明を試みたい。

4.2 「だって」による正当化

まず、対話における反論の例 (2) から見てみよう。(2) では、同僚に子供が生まれる話を聞いた男性社員Aと女性社員Bが名付けの話をしている。男の子の名前の命名をふざけているAに対して、Bは生まれてくる子が女の子だとすかさず言い返す。

（2） A: じゃ、べーすけっつーのはどう？
B: だって女の子なんでしょ。　　　　　　　　(8845-8846)

---

[3] 「相手」とは、「だって」使用話者と対峙する、あるいはそのように仮定される対象を指している。

(2)において「だって」に先行する話し手の発言は顕在化していない。しかし、(18)が示すように、自己正当化の状況において、Aの発言に反する「べーすけという名前はふさわしくない」というようなBの想定が呼び出される。

(18)　相手の想定：生まれてくる子供の名前はべーすけがよい。
　　　話し手（「だって」使用話者）の想定：子供の名前にべーすけはふさわしくない。
　　　理由・根拠：生まれてくる子供は女の子だから。

(18)において、相手の想定と呼び出された話し手の想定の間には認知的に隔たりが生じるが、話し手の想定の根拠として「だって」節の内容を解釈することにより、その隔たりは解消される。このように、「だって」が導く自己正当化の解釈とは、相手のいかなる想定も、話し手（「だって」使用話者）の想定へと一致させようとする認知プロセスによるものである。

　一方、独話で用いられた(1)の例では、相手の想定は言語的に非明示的である。

（1）　ひらがなは、斜め読みに適さないね。だって、こう、斜め読みってたいてい漢字のほうでばばばばばーっていくじゃない。(3205)

独話の場合、当然のこととして、この発話を聞いている相手に話し手の主張と相反する想定があるとは限らない。しかし、自己正当化という行為が単なる理由説明ではないことを考えると、「だって」の手続き的制約として、相反する想定の有無に関わらず、聞き手はそれを呼び出すことになる。(1)の発話解釈には、(19)のような想定が関わっている。

(19)　相手の想定：例えば、「ひらがなでも斜め読みに適している」など。
　　　話し手（「だって」使用話者）の想定：ひらがなは斜め読みには

適さない。
　　　理由・根拠：速く読める漢字の方が斜め読みには適している。

(19)においても、相手の想定と話し手の想定の間に認知的に隔たりが作り出されると仮定される。その隔たりも、「だって」節の内容が明示的な話し手の想定の根拠として解釈されることにより、解消されることになる。相手の想定が顕在化していないために自己正当化の意味合いはさほど強くは伝達されないが、話し手（「だって」使用話者）の側からすると、常に相手との意見の違いを予測し、反論を避けるために「だって」が用いられている。

　正当化における「だって」の手続きを図式化すると図1のようになる。

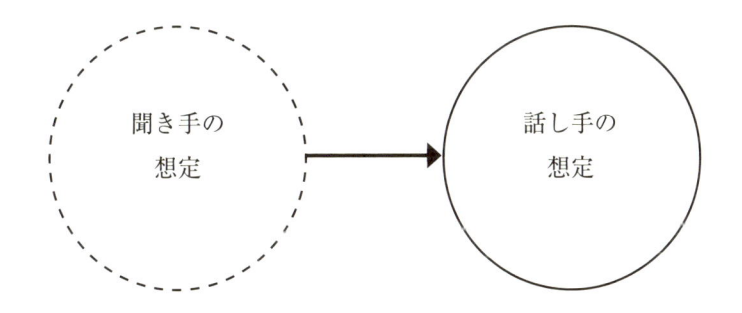

図1 「だって」による正当化

聞き手の想定 → 話し手の想定

図1が表わしているのは、正当化の状況における話し手の想定（「だって」に先行する発話）と聞き手の想定の隔たりである。話し手の想定（「だって」に先行する発話）と相反する聞き手の想定は、独話型では言語的に明示化されない。また、対話型においても聞き手の想定は明示的であるとは限らない。聞き手の想定が破線で示されているのはそのためである。しかし、発話解釈において、「だって」は話し手の想定に相反する聞き手の想定を呼び出し、「だって」節が話し手の想定に理由や根拠を与えるものじぇあると考えることで、聞き手の想定は話し手の想定へと近づく。双方の想定を繋ぐ

矢印は「だって」節の命題内容により理由を提示することで聞き手の想定を話し手の想定に近づけるという正当化における「だって」の手続き的制約を表している。

以上、相手への反論と自己正当化という従来異なる例として扱われてきたものを同じスキーマを用いて説明した。こうした場面における「だって」は、対人レトリック的機能として、理由や根拠を提示することで、相手と話し手との想定の一致の度合いを上げることを指図する語用論的推論を導くと言える。

4.3 「だって」の情意性

メイナード(1993: 184)が、「だって」は話し手の発話態度や感情を表現すると述べるように、正当化に関わる論理と情意は切り離せない関係にある。[4]「だって」一語の発話の例(4)を見てみよう。

(4) A: あー、もう、なんかあんまし乗り気じゃなくなっているんじゃない。
    B: えっ、そんなことないわよー、ただ、○○くんが、ほんとかどうかってゆうのが心配なだけだけど。
    A: そんないまさら、いまさら、なにー。
    B: そうじゃない、**だって**。　　　　　　　　(7104-7107)

(4)において、乗り気ではないのではないのかと尋ねるAに対して、Bはそうではないことを正当化したいが、適切な根拠が見つからないでいる。「だって」が用いられたBの発話の解釈においても、自己正当化の場合と同様に、「だって」は後続節を先行節の想定の根拠として処理することで、Aの想定(「Bは乗り気ではない」)をBの想定(「とにかく乗り気だ」)に一致させよという手続きを符号化していると言えよう。しかし、理由・根拠は

---

[4] 「情意」とは、メイナード(2000)の定義によれば、言語表現に伴って浮かび上がる話し手の情的態度や情感のことである。

明示されていない。自己正当化への切望という話し手（「だって」使用話者）の情意が伝達されるのは、「だって」の手続きによる話し手の想定への一致の試みが、明確な理由・根拠なしに行われることから生じている。

さらに、「だって」が繰り返されると、自己正当化への切望的な態度が強く伝達されるように感じられる。(5) において、A は理由や根拠を明言せずに「だって」をただ繰り返すだけである。

  （5） A：　○○ちゃんの顔見ながらいえない。
     B：　なんでー。
     A：　**だってだって。**   (10496-10498)

この例も (4) と同様に、「だってだって」という A の発話には、すぐには明言できないけれどその理由を察してほしい、あるいは論理的に説明できそうな理由はないという気持ちがよく表れている。B は、明示されていないものを A の想定（「○○ちゃんの顔を見ながら話ができない」）の理由や根拠として処理することで、「なんでー」から導出される想定（「○○ちゃんの顔を見ながら話くらいできるだろう」）を A の想定へと近づけざるを得ない。

このような「だって」の場合、理由や根拠を提示せずに自己正当化したい（あるいはそうせざるをえない）という気持ちが伝達されるために、自己正当化の論理性よりもむしろ感情的な態度が表明される。明確な理由や根拠が与えられることなく、相手の想定を話し手の想定へと近づけることで、話し手の発話態度も同時に伝達されている。

4.4　「だって」による同意や共感

最後に、相手の意見や見方に対する「同意」の場面での「だって」の用法 (3) を見てみよう。

  （3） A：　ロンドンでアムなんか主然広いしさめ。
     B：　**だって**ちゃんとー、ベッドルームがふたつみっつとかある

のもあるでしょ。　　　　　　　　　　　　　　　(638-639)

(3)において、コンドミニアムの広さについてのAの見方に対して、Bは、「だって」節を用いて同意をしている。この「だって」の解釈に関わる3つの想定は(20)のようになるであろう。

(20)　相手の想定：コンドミニアムは普通のホテルよりも広い。
　　　話し手(「だって」使用話者)の想定：例えば、「コンドミニアムは宿泊するのには十分広い」など。
　　　理由・根拠：コンドミニアムにはベッドルームが2つや3つある部屋もある。

コンドミニアムの広さに関する同意の場面で、話し手(「だって」使用話者)Bは相手Aとすでに類似した想定を共有していると考えられる。しかし、同一性は保証されてはいないので、話し手は少しでも相手との意見の一致を図ろうと試みる。多くの共感や同意を意図する場合、それは「だって」節でコンドミニアムの広さに同意する理由や根拠を明言することで強く伝達される。同意の場面において「だって」が行う想定の調整は、「だって」節を話し手の想定の理由や根拠として処理することで、話し手の想定を相手の想定に一致させるという推論を活性化させることにある。「だって」節を用いることで、解釈にかかる処理コストは増える。しかし、話し手の強い同意の意図を伝達し、かつ相手の見解の正当性を間接的に強めることで、コストに見合う認知効果を生み出すと言える。こうした効果は、単に「そうだね」という同意の返答だけでは達成されないであろう。

　この用法に関する「だって」の推論を図式化したものが図2である。同意を試みる話し手(「だって」使用話者)は聞き手と部分的には同じ意見を共有していると考えてはいるが、完全なる一致を意図する場合、「だって」は同意を強く伝える機能をもつ。

図2 「だって」による同意

　　　　　　　話し手の想定
　　　　　　　　聞き手の
　　　　　　　　　想定

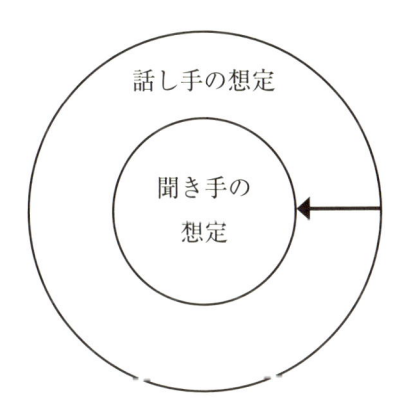

　図2が示しているのは、同意の状況における話し手の想定（「だって」に先行する発話）と聞き手の想定の隔たりである。両者の想定は共有部分もあるが、全く一致してはいない。話し手の想定から聞き手の想定への矢印は、「だって」節により聞き手の想定に理由・根拠を与えることで、話し手の想定を相手の想定へと一致させるという同意解釈の仕組みを表している。
　一方、「だって」が制約する想定の一致は、相手の発話がどのようなタイプであっても積極的に行われるわけではない。同調を可能にする友好的な両者の関係のもとでも、(21)(22)における前節なしでの「だって」の使用には違和感があるという沖 (2006: 197-199) の指摘は興味深い。

(21)　A：おそうじしなさい。
　　　B：? だって、きれいにしなけりゃいけないものね。
(22)　A．明日、スキーに行かない？
　　　B：? だって、お休みだもんね。

(21)において、掃除をせよという相手Aの命令や要求に対して「だって」を用いた同意が可能な場合とは、日頃からBも掃除をしなくてはならないという同様の想定をもっており、Aの想定にB自身の想定を一致させるこ

とが容易に動機づけられる場合であろう。一方、(22)では、相手Aの発言を文字通りの質問だと解釈した場合、一致させるべき想定が明確ではないために、冒頭の「だって」の使用に違和感が感じられるのであろう。「明日、スキーに行こうよ。」などのような発言によって、スキーに行きたいという相手Aの信念がさらに表示されやすくなれば、それにBの想定を一致させようとする同意のプロセスは可能になる。一方、ともに「分かった」「いいよ」などと前節を明言し独話型にすれば、その明言の理由説明として「だって」節が機能する。

　「話し手の想定と相手の想定を一致させる」という手続きが発話解釈に関わる「だって」の意味だとすると、相手の想定を話し手（「だって」使用話者）の想定に近づける自己正当化とは異なり、同意の場合に見られる想定の一致は、話し手の想定を相手の想定に一致させることによって成立する。言い換えれば、「だって」が符号化する手続きとは、自己正当化にせよ同意にせよ、両者の想定の隔たりのもとで、方向は異なるが、両者の想定を一致へと導く語用論的推論の制約にあると考えられる。

■5. おわりに

　「だって」は、これまで「自己正当化」「理由説明」などの談話機能により、2つの命題（先行節と「だって」節）をつなぐ働きがあると考えられてきた。本論では、「だって」が正当化と同意の2つの異なる場面で用いられること、論理表現であるにも関わらず話し手の感情的態度をも伝達することなどに着目し、「だって」の意味を語用論的推論に関する制約として考えたい。具体的には、関連性理論の枠組みにおいて、接続表現「だって」は「話し手の想定と聞き手の想定を近づけるよう後続節を処理せよ」という手続き的意味を符号化していると提案する。呼び出された2つの想定の隔たりを最小限にすることにより、「だって」は正当化や同意の用法をもちうると言えよう。典型的な自己正当化の場合には半ば強引な理由づけ、「だって」一語を用いた発話ではしばしば論理性を欠いた自己正当化への切望的な態度、相手の想定への同意など、すべて語用論的推論に制約を与える「だって」の手続きによ

り生じていると考えられる。

　接続表現「だって」が符号化する手続き的制約を規定することにより、発話行為や談話の結束性に基づく「正当化」という分類では区別できない類似の接続表現との違いを説明することができる。等意と見なされがちな「なぜならば」「というのは」のような接続表現は、因果関係を概念として符号化しているので、聞き手はその因果関係の妥当性に対して中立的に判断する資格がある。それに対して、正当化の「だって」は「聞き手の想定を話し手の想定に近づける」という推論の道筋を指図するために、それを辿ることで、結果的に話し手が提示する因果関係の解釈を受け入れる選択肢しか与えない。対人レトリックとして多く使用され、しばしば情意を伝達すると感じられるのは、聞き手の推論に関わる手続き的制約を符号化していることと深く関係があると思われる。

第6章

概念と手続きの区別と文法化

　この章では、after all の用法の分類とその基準をもとに、University of Virginia Library の Etext Center が提供しているオンライン・データベース George Washington Resources *Letters of Delegates to Congress* (1774-1789) と小学館コーパスネットワークが提供している Collins Wordbanks を比較して、18 世紀と現代のアメリカ英語における after all の用法の優位性の変化を考察する。さらに、関連性理論が提示する文法化の視点を用いて、after all が担う主観的（及び間主観的）意味について考えてみたい。

■1. コーパスの比較による after all の用法の優位性の変化

1.1　after all の用法の区別

　2 つのコーパスの比較分析を行なう前に、after all の多用法について明確に区別をしておきたい。その生起位置や句読法を手がかりに、Traugott (1997, 2004) および Schourup・和井田 (1988) の分類を簡略化すると、after all は次のようなパターンで文内に生起する。

（1）　a.　**After all** ....
　　　b.　.................................... **after all**.
　　　c.　................, **after all**, ...
　　　d.　**After all**, ...

　(1a) は節内の文頭で生じる副詞句である。時を表す前置詞 after と普遍量化詞 all の意味の和からなる「あらゆることが言われたり行われた後で」「あらゆることが考慮された後で」という意味を表す (cf. Halliday and Hasan (1976: 270-271)) ことから「字義的用法」と呼ぶ。(1b-d) は第 4 章の分類を踏襲してい

147

る。(1b) は典型的には文末に生じる副詞句であり、「譲歩的用法」と呼ぶ。(1c) は前後にカンマを伴い文内に自由に生起が可能であり、解釈の際に後置の情報を想起させるという点から「想起的用法」と呼ぶ。最後に (1d) は、(1a) とは異なり、節外に生起し、前節の命題の理由や根拠を導く「正当化用法」と呼ぶ。[1] これらの分類をもとに、2つのコーパスの比較分析を行ないたい。

1.2 *Letters of Delegates to Congress*

Letters of Delegates to Congress は25巻からなる書簡集である。この中には、第1回北アメリカ大陸会議（1774年9月－10月）と第2回北アメリカ大陸会議（1775年5月－1789年）へ諸州より参加した344名の代表者が書いた約19,000の書簡の資料が収められている。この資料は University of Virginia Library の Etext Center が提供しているオンライン・データベース (http://etext.virginia.edu/washington/delegates/index.html) から収集することができる。この資料の中で after all の用例を 131 例見つけることができた。131 例中、談話連結語と考えられない after all は 54 例あり、それらは分析から除外した。[2] したがって、分析の対象となる after all は 77 例であり、その 4 つの用法の使用例数は表 1 のとおりである。

表1 *Letters of Delegates to Congress* における after all の用法

用 法	字義的用法	譲歩的用法	想起的用法	正当化用法
使用例数	38 (49.3%)	14 (18.2%)	21 (27.3%)	4 (5.2%)

---

[1] 第4章2.2節および4.3節で述べたように、正当化用法の after all も文末に生起しうる。文末に用いられた場合、譲歩的用法と正当化用法を区別するひとつの手がかりはコンマの有無であると考えられるが、コンマがあれば正当化用法だということも断言できない。その際には前後の文脈などを検討する必要がある。2つの用法を区別する別の基準は、焦点アクセント (focal accent) の位置である (cf. Fretheim (2001: 86-87))。

[2] 調査対象外とした例の多くは、"after all these years"、"after all the exertion、"after all this"のような after all の後に名詞（句）を伴う例である。この基準は Collins Wordbanks でも同様に用いた。

第6章　概念と手続きの区別と文法化

　表1から明らかなように、用法の中では字義的用法の割合がもっとも高い。38例の字義的用法のうち、(2a)のような 'φ After all' の例が13例、(2b)のような 'And after all' の例が11例、(2c)のような 'But / Yet after all' の例が14例あった(以下、例文内の after all の太字は筆者による。)。

(2)　a.　# **After all** I am not disconcerted by all these Confusions, because I have expected these twelve Months, and because I have known our affairs in a situation much worse than they are even now. (John Adams to Joseph Reed, Vol. 4, n. 324)

　　　　　　　　(文頭の # は段落の冒頭であることを表わす。)

　　　b.　And **after all** it will be a ridiculous gratification of private malice for the Assembly to take up the consideration of such an affair as this.

(Richard Henry Lee to George Wythe, Vol. 8, n. 133)

　　　c.　But **after all** the Native Face of our Country, diversified as it is, with Hill and Dale, Sea and Land, is to me more agreeable than this enchanting artificial scene.

(John Adams to Abigail Adams, Vol. 7, n. 116)

　譲歩的用法と正当化用法の用例に関しては、現代の用法と違いは見られないために、用例の紹介はここでは省くが、特に正当化用法に当てはまる用例の頻度が他の用法に比べて極端に低いことは触れておくべきであろう。一方、想起的用法は、字義的用法と同様に使用例数が多い。その柔軟性のある生起位置のいくつかを分類したものが(3a-c)である。

(3)　a.　... and if, **after all**, those Reasons should not procure due Attention to the Propositions of the Congress, to pray that the Governors may have Orders to permit such Meetings, and to give Assurances that their Conduct will be decent, respectful & dutiful to the

Mother State....

(Joseph Galloway to William Franklin, Vol. 1, n. 5)

b. "With respect to your proposed Voyage," he wrote on the 20th, "I have since seen Dr Bard Junr. who also, **after all**, leaves the Question without an absolute determination. (William Samuel Johnson to Samuel William Johnson, Vol. 22, n. 95)

c. Sr., You'll see the desire of this letter from our friend in Spain was not to be maid public but I have taken the liberty to send Such parts as I thought would be agreeable to you and the Rest of my Good friends at Court to know, **after all** that the Courts of France & Spain have said our security and welfare is within our selves with the Blessing of our Good and Gracious God on the Means he has put in our power....

(George Frost to Josiah Bartlett, Vol. 7, n. 299)

21例のうち、(3a)のような if 節内での例が1例、(3b)のような関係詞節内の例が2例、(3c)のような 'think that' や 'know that' の間に挿入された例が2例など、多岐にわたっている。

1.3 Collins Wordbanks

Collins Wordbanks は1990年から1998年までに収録された5,600万語からなるアメリカ英語およびイギリス英語のコーパスである。ここでは、その中で *Letters of Delegates to Congress* に最も近いサブコーパスとして、アメリカ英語の written コーパスから 'US books' と 'US ephemera'（パンフレットや広告など）を選んだ。これは全体の12.14％である6,493,577語のサブコーパスにあたる。検索の結果、after all として検索された560例のうち、本章に関係する例として抽出した507例について、表2ではそれぞれの用法の生起数を示している。

第6章 概念と手続きの区別と文法化

表2 Collins Wordbanks における after all の用法

用 法	字義的用法	譲歩的用法	想起的用法	正当化用法
使用例数	21 (4.1%)	86 (17.0%)	130 (25.6%)	270 (53.3%)

表2が示すよう、Letters of Delegates to Congress とは異なり、Collins Wordbanks における字義的用法の例は極端に少ない。21例中、'φ After all' の例が8例、'And after all' の例が5例、'But after all' の例が5例であった。

それに対して、その他の用法は、正当化用法、想起的用法、譲歩的用法の順に優位な位置を占めている。表2の譲歩的用法では、結論と相反する非明示的な先行想定が文脈から解釈されるが、文末以外にも (4a, b) のように文中に用いられた例もある。

(4) a. Since the terrain made it so difficult to get in anyway, this was an easy enough measure to uphold, and in the end it was the fate of China itself at foreign hands that convinced the Tibetan government that the policy was **after all** valid.

(WB: usbooks0001)

b. It occurred to him that what had appeared perfectly impossible before, namely that he had not spent his life as he should have done, might **after all** be true. (WB: usbooks0046)

最も使用例が多い270例の正当化用法において、after all が導く命題内容は、結論の根拠となる命題であるために、平叙文を導く場合が237例と多い。しかし、(5) のような疑問文の例も33例見られた。

(5) a. Need the perfect gift, but haven't quite determined what it is? Why not let the recipient decide … **after all**, who would know better!

(WB: usephemera0913)

b. Most people, regardless of educational background, assume they have a pretty solid grasp of fundamental facts about various birth control methods. **After all**, what could be simpler than using a condom or taking a pill once a day? (WB: usbooks0032)

'P After all Q' の発話において、疑問文 Q がなぜ P の根拠として機能するのかは興味深い問題である。それは、after all が because のように2つの発話の命題間の因果関係を符号化しているのではなく、発話から導かれた2つの想定を推論により結びつけるという手続きを符号化していることと密接に関係している。例えば、(5a, b) の疑問文はともに修辞疑問文として解釈されるため、意味的にはそれぞれ肯定文 "The recipient would know better.""Using a condom or taking a pill once a day could be the simplest birth control method." と同義であろう。しかし、修辞疑問文の場合、意図された想定（隠れた命題）を導きだす過程を通して、疑問文の背後にある主張 P の確信の度合いが強められると考えられる。これは、非陳述的な統語構造が高次表意についての手続き的情報を符号化していることとも関係している (cf. Wilson and Sperber (1993:21))。対照的に、Collins Wordbanks のデータの中で、(5) のように疑問文の形式をした後続節の前に because が用いられている例はひとつもない。

次に、130例の想起的用法の多様な生起位置を見てみよう。

（6） a. But this haircut seemed to Nina uniquely brutal, unkind. He was, **after all**, still beautiful sometimes, in a nearly spiritual way.

(WB: usbooks0020)

b. They had, **after all**, a great deal in common, including a shared gift for language and a passionate love of the natural world.

(WB: usbooks0018)

c. And I thought of the subtle pressure that society places on dying, terminally ill, or debilitated people, reminding them that expensive treatment does, **after all**, have its limits.

(WB: usbooks0026)

(7) a. Hope, **after all**, was a quality he rather desperately needed at the moment. (WB: usbooks0050)

b. This book, **after all**, emphasizes self-responsibility and reliance on alternative methods of healing, including prayer.
(WB: usbooks0051)

c. National Socialism, **after all**, might prove to be a flash in the pan, scarcely more substantial than the ill-fated National Union of Dr. Wolfgang Kapp thirteen years before.
(WB: usbooks0022)

(8) He had, **after all**, endured eight long years in Benares largely in the hope of coming back here, and the experience seems to have taught him something. (WB: usbooks0001)

(9) a. The DEA agent never dwelt overlong on the risks a CI was running in his briefings. CIs were people who, **after all**, had already put themselves in harm's way and didn't need a DEA agent to sketch out for them what danger was all about.
(WB: usbooks0050)

b. Apparently, a hard bicycle seat bumping against the scrotum isn't Mother Nature's way of coddling the testes, which are, **after all**, the factory for sperm production. (WB: usbooks0032)

(6a) のように be 動詞の後に挿入される例は、想起的用法の 43.1％ を占める 56 例で見られた。また、after all は (6b) や (6c) のように一般動詞や助動詞の後にもごくわずかであるが生起する。一方、(7a-c) は主語の直後に用いられる例である。be 動詞の前に生起する (7a) のような例が 23 例、一般動詞の前に生起する (7b) のような例が 13 例、助動詞の前に生起する (7c) のような例が 1 例であった。さらに、(8) のような完了形の have と過去分詞の間の挿入例が 8 例見られた。(9) では、関係詞節のような埋め込まれた節内

133

にも生じている。

■ 2. after all の意味の通時的変化

2.1 多様な用法の意味機能の拡張

　Traugott (1997: 8) では、after all の通時的変化に関して、(10) のようなモデルを提示している。

(10)　　Stage I　　　Stage II　　　　　　　　Stage III
　　　　Temporal　　Epistemic　　　　　　　　Illocutionary (DM)
　　　　　　　　　 IIa: Concessive Adverb
　　　　　　　　　 IIb: Epistemic Connective

本章において、temporal な意味で用いられる用法は '(And/But) after all' のように生起する字義的用法、話し手の認識に関わる concessive adverb は譲歩的用法、epistemic connective は想起的用法、DM (discourse marker)（談話標識）は正当化用法に相当する。after all の文法化の過程において、説明しなくてはならない問題は、文頭や文末に生起する字義的用法や譲歩的用法と、命題を後続させる想起的用法や正当化用法との関係性である。本節では、これらの意味機能の拡張について考えてみたい。

　談話標識として文法化された after all は、"after all that has been said and done" から派生したものであり (Blass (1990: 129))、"after everything has been taken into consideration" のような意味をもつ (Schourup・和井田 (1988: 21-22))。(11) のように、その用法は現代英語でも残っている（下線は筆者）。

(11)　a.　However, <u>after all has been said and done</u>, both the parent and the child feel terrible.

(WB: usephemera0131)

　　　b.　I think <u>after all is considered</u> the final result was a fair result.

(BNC: KS7)

154

したがって、字義的用法として取り扱う(12)は、その意味を保持した短縮表現であると考えることができる。

(12) a. She lingered, but **after all** there was nothing more to say.
(WB: usbooks0031)
b. The swirling greyness shifted again, and the shadows flooded nearer, but **after all** there was nothing to see. (BNC: G10)

たとえば、(12a)は、彼女はその場をなかなか立ち去れずにいたが、何か言うことがないかあらゆることを考慮した結果、それ以上何も言うことがなかったという意味である。(12b)では、話し手は状況に関してあらゆることを考慮した後に、結局自分の周りには何も見えなかったという解釈が可能である。2つの例に共通しているのは、after all は話し手の結論を述べる際の前置きの働きをしているということである。あらゆることを予め十分考慮するということが、第1節から派生する想定が結果的に実現しないということを述べる際の根拠として働いている。[3]

(12)のような字義的用法を一つの用法として考えることで、説明できることもあるであろう。and による連言文(13a)と but による選言文(13b)を

---

[3] Traugott 博士との私信では、本章で字義的用法と分類したものは、厳密には時間を表す表現ではないという指摘を受けた。temporal な用法として 16 世紀のデータから取られた (i) では、after all は "after it was all over" とパラフレイズされている。

(i) [...] and my lord bysshope Bonar of London did syng masse of requiem, and doctor Whyt bysshope of Lynkolne dyd pryche at the sam masse; and **after all** they whent to his plasse to dener. (Traugott (2004: 556))

私信は、現代にはこのような用法がないということを示唆している。しかし、(12a, b) は epistemic な意味が含まれているものの、現代英語における他の用法と比べた場合、字義的に用いられていると言える。また、18 世紀のデータ (2a-c) においても、すでに epistemic な意味が含まれていると思われるので、本章で扱う2つのデータの比較自体は適切であろう。

見てみよう。

(13) a. * He'll pass the French exam and **after all** he is a native speaker.

(Carston (1993: 39))

b. She failed the exam but, **after all**, she's been unwell all year.

(Carston (2002: 262))

and 連言文には after all は埋め込めない一方で、興味深いことに but 選言文では可能である。Carston (2002) が問題にしているのは処理の単位であり、and 連言文で関連性の見込みを満たすのは 1 つの処理単位と見なされる文全体であるために、(13a) は、"He'll pass the French exam; after all, he is a native speaker." のように第 2 節が第 1 節の根拠としては解釈されない。それに対して、but 選言文では、処理単位は第 1 節と第 2 節の 2 つであり、それぞれが関連性の見込みを満たすために、第 1 節が主張、after all 節がその根拠として解釈可能である。一方、after all は and 連言文に埋め込むことはできないとする Carston (1993: 39-40) に対して、Traugott (1997: 5) は、Jane Austen の *Sense and Sensibility* (1811: 263) より (14) を反例として挙げ、連言文にしなければ可能であることを示唆している。

(14) I wish him very happy; and I am so sure of his always doing his duty, that though now he may harbour some regret, in the end he must become so. Lucy does not want sense, and that is the foundation on which every thing good may be built…. And **after all**, Marianne, after all that is bewitching in the idea of a single and constant attachment, and all that can be said of one's happiness depending entirely on any particular person, it is not meant—it is not fit—it is not possible that it should be so.

Traugott はその理由を明確に述べていないが、after all が話し手自身の結

論を保証する「すべてのことを考慮すれば（しても）」という意味をもつと考えれば、(14) の容認性は説明が可能である。後続の2つの after all 句「一人の人をずっと愛するという考え方は魅力的であることを考慮しても」、「特定の人に依存した幸せがどのようなものであっても」は前出の after all を具体的に言い換えたものであり、「特定の人を長く愛することが幸せであるということは、そうなると決まっていることでも、適切なことでもないし、難しいことである」という話し手の結論を間接的に正当化している。

　一方、譲歩的用法は、先行発話で述べられたことや聞き手の認識の中にある当然と思える想定を根拠としてアクセスすることを指図する手続き的意味を符号化している（詳細は第4章4.1節を参照）。字義的用法（時間表現）から譲歩的用法への変化は会話の推意によるものである。予測された出来事の順番が破られ、結果が規範にそぐわないということを推意すると解釈されることにより、非逆接性（non-adversativity）から逆接性（adversativity）へと意味が変化している（Traugott (2004: 557)）。[4]

　想起的用法と正当化用法では、程度の違いはあれ、根拠自体が具体的に特定化され明示的であり、after all はそうした根拠を導くための指標となっている。想起的用法の生起位置は (6)-(8) で見たように柔軟性があり、"as you may know" という意味合いで聞き手に想起させたい要素の直前に比較的自由に挿入することができる。この点において Traugott が考えているよりも遥かに使用頻度が高く、生起位置も多様である。一方、正当化用法では、想起という形で発話の進行の途中で根拠を提示するのではなく、意図的な対人機能的レトリックの手法、つまり話し手の意見や評価に対する根拠の指標として確立された機能をもちえている。

　譲歩的用法と正当化用法は、その字義的な意味である "after all that has been said and done" から派生したものであるという前述の Blass (1990: 129) の見解に対して、Traugott (2004: 559) は、時間を表す字義的用法と譲歩的

---

[4] "*After* doing my homework, I went to bed." と "*After* what has happened, I can never return." （『小学館ランダムハウス英和大辞典』第2版）における after の意味の違いも参照のこと。

用法の間には会話の推意による関係性を認めているが、字義的用法と正当化用法の間には推意の観点からみても明白で自然な関係性はないと主張する。しかし、譲歩的用法と正当化用法の関係性は、譲歩的用法では非明示な根拠が話し手あるいは聞き手の認識の中にアクセスされるのに対して、その根拠がより具体的に明示化されることにより正当化用法（談話標識）として確立したものだと考えられよう。したがって、少なくとも意味機能の拡張の観点から、字義的用法、譲歩的用法、正当化用法の関係性は説明が可能である。

2.2 文法化への2つのアプローチ

2.2.1 歴史語用論的アプローチ

　Brinton (1996: 54-65) によれば、語彙項目から談話標識への意味変化は文法化の過程において、命題的意味からテキスト的意味、さらには話し手や書き手中心の表現としてのさまざまな対人的意味へと一方向化の傾向にある。同様に、Traugott (1982: 123) は、語彙項目の意味変化の一方向性について (15) のような文法化の過程を一般化している（二重の括弧は、命題的意味から表現的意味へ直接変化することがあることを示している）。

　　（15）　propositional > ((textual) > expressive))

この意味変化のパラダイムにおいて、命題内容の表現としての命題的あるいは観念的意味はテキスト内の結束関係を符号化するテキスト的意味、あるいは話し手の見方や態度、判断を表わす表現的意味あるいは対人的、語用論的意味をもつように発達する。さらに、Traugott (1988, 1989) では、文法化の過程で働く意味的語用論的傾向を (16) の3つに分け、傾向 I は傾向 II を引き起こし、さらに傾向 I と傾向 II のいずれかは傾向 III を引き起こすと主張されている。

　　（16）　a.　Tendency I:　　Meanings based in the external described situation

　　　　　　　　　　> meanings based in the internal (evaluative/ perceptual/ cognitive) situation;
　　b.　Tendency II:　Meanings based in the external or internal described situation > Meanings based in the textual and metalinguistic situation; and
　　c.　Tendency III:　Meanings tend to become increasingly based in the speaker's subjective belief-state/ attitude toward the proposition.
　　　　　　　　　　(Traugott (1988: 409-410)), (Traugott (1989: 34-35))

Traugott (1988: 408-409, 414) でも述べられているように、Tendency I と Tendency II は、比喩的に動機づけられたもの (metaphorically motivated) であり、Tendency III は主観化 (subjectification) という通時的な意味変化としてまとめられている。

　歴史語用論と関連性理論の理論的枠組みの違いを示すために、動作動詞を含む "be going to" が未来指示 (future reference) の機能語へと意味変化した過程について比較してみよう。(17) は Hopper and Traugott (1993: 93) の文法化の説明の概要である。

(17)　Stage 1　　　be　　　　　　going　　　　　[to visit Bill]
　　　　　　　　　PROGRESSION　V direction　　[Purpose Clause]

　　　Stage 2　　　[be going to] visit Bill
　　　　　　　　　TENSE　　V action
　　　　　　　　　(by syntactic reanalysis/metonymy)

　　　Stage 3　　　[be going to] like Bill
　　　　　　　　　TENSE　　V
　　　　　　　　　(by analogy/metaphor)

159

Hopper and Traugott (1993) および Traugott (1995a) は、'be going to' の意味変化には、換喩的推論と比喩的推論の 2 つの要因が関係していると考える。方向を表す動詞 go はまず移行したコンテクストにおいて換喩的推論により再分析を受けることで時制を示す標識となり、さらに空間から時間への比喩的推論に基づく類推により、'be going to' に後続する動詞が方向を表す動詞からその他の一般的な動詞へと対象領域を広げている。Bybee (2002: 181) は 'be going to' の空間から時間への比喩的写像 (metaphorical mapping) に関して、(18) のような motion path に基づき、(19) の多義性を説明する。

(18) The motion path: motion with the aim of doing something > intention > future

(19) a. We are going to Windsor to see the King. [movement]
　　　b. We are going to get married in June. [intention]
　　　c. These trees are going to lose their leaves. [future]

'be going to' の意味は、空間の意味から時間の意味へ直接変化するのではなく、移動の目的から換喩的に導かれた意思 (intention) の表現へと移行し、推論により意思から予測 (未来指示) へと変化すると説明される。

2.2.2　関連性理論のアプローチ

　関連性理論が提示する文法化への視点はより語用論的であり、Traugott の文法化の見方のように、推論や会話の推意に基づく語用論的要因が意味変化を引き起こし、それが統語形式の変化に現れるとは考えない。(20) は 'be going to' の意味変化の仕組みについての Nicolle (1998a: 28) の説明の概略である。

(20) a. lexical:　　　physical progression　The subject is in the process of progressing towards a physical goal.

("Generalization results in....)
   b. <u>lexical</u>:　　　general progression　　The subject is in the process of progressing towards a goal.

("Inference" results in...)
   c. <u>grammatical</u>: future time reference　　The subject will, at some future time, achieve a goal.

　'be going to' 構文は、概念的情報を符号化した動作動詞 go の未完了形（imperfective form）から始まり、「〜に向かって」という意味を表す向格の to が付与され、未来指示の文法標識へと発達したと考える。この過程における go の意味は、身体の前進行為 (20a) が抽象化された形で目標に向かう主体の行為 (20b) へと一般化（generalization）されている。さらに、それらの語彙項目は推論の働きにより文法項目 (20c) へと意味変化する。主体が未来の状況や出来事の実現へ向けて前進を行なう過程にあれば、それらがやがて実現されることが推論できる。未来指示標識としての 'be going to' の文法化は、そうした誘導推論の慣習化（conventionalization of invited inference）により達成されうるものである。これは、コンテクストとは独立して語彙項目のみに働く比喩的拡張とは異なるものである。

　関連性理論における文法標識の意味変化は、概念と手続きの違いをもとに行なわれる。Nicolle (1998a: 7) は、文法標識の概念的意味から手続き的意味への符号化のシフトの一つのメカニズムは語用論的推論によるものであり、それを通して、文法標識の概念的情報がコンテクストにおいて推論的拡充を行なうと考える。さらに、概念的情報の推論的意味拡充の結果、意味保持（semantic retention）が見られる。

　Nicolle の意味保持の論点は、語彙表現に手続き的意味が符号化された後でも、その語彙表現の構造により喚起される特定の含みが保持されるということである。(21)、(22) は Nicolle (1998a) の説明の引用である。

(21) […] when a formerly (or formally) lexical expression is used as a grammatical marker, it does not suddenly cease to encode conceptual information; this conceptual information may no longer be of prime importance to the interpretation of an utterance containing such an expression, but it is nonetheless still accessible (that is, activated during modular decoding). (p. 23)

(22) […] as a gram develops over time, the conceptual information it initially encodes may become increasingly inaccessible, until such time as it disappears altogether and the gram encodes only procedural information. (pp.23-24)

語彙表現が文法標識として用いられても、概念的情報の符号化がすぐに止まるというものではなく、それを含む発話の解釈への重要性は少なくなっているものの、それでもまだ呼び出し可能である。さらに、符号化されていた概念的情報は、その情報が消え、手続き的情報のみが符号化するまでは徐々に呼び出し可能性が落ちていく。したがって、ひとつの言語表現における概念的情報と手続き的情報の混在という状態が想定できる。

　この枠組みにおいて、'be going to' の意味変化において保持されている含みとはあらかじめの意図（prior intention）と出来事の不可避性（inevitability）である (p.28)。つまり、'be going to' 構文には、文法標識としての未来志向に関する手続き的意味と一般的な前進に関する概念的情報の2つが同時に符号化されている。2つの含みの解釈は、後者の概念的意味が推論の結果派生された意味として保持されることを表している。

　さて、談話連結語としての文法標識として現在用いられている after all の意味保持に話を進めてみよう。after all の意味に関して、その時間を示す概念的意味—つまり、「(反する)あらゆることが考慮された後で」—はそれが生じるコンテクストにおいて推論的拡充を引き起こす。その概念的情報が意味している「(結論に相反する)考えられうるあらゆることを考慮した後で結論に至る」という含みは、推論により「結論の受容」という意味へと

拡充される。譲歩的用法では、結論は状況の避けられない結果として受容に値するものであり、正当化用法においても、聞き手は話し手の意見や評価の妥当性を受け入れるよう勧められているという点において、「結論の受容」という意味を含んでいると言えよう。

こうした意味拡張は、Hopper and Traugott (1993: 96) では、(23) のような仕組みに基づく語彙的意味の持続性 (persistence) と呼ばれている。

(23) [...] when a form undergoes grammaticalization from a lexical to a grammatical item, some traces of its original lexical meanings tend to adhere to it, and details of its lexical history may be reflected in constraints on its grammatical distribution.

ある形式が語彙項目から文法項目へと文法化を経る際には、もとの語彙的意味の何らかの痕跡が文法項目に張り付く傾向があり、語彙がもっていた情報が文法項目の制約に反映されているかもしれない。Hopper and Traugott の 'persistence' と Nicolle の 'semantic retention' は異なる概念であると言えよう。メトニミーのプロセスに基づく通時的説明に対して、概念的意味と手続き的意味の違いに基づく関連性理論による説明では、文法化された標識の意味を一義と捉える。概念的意味が保持された手続き的意味は、推論により拡充された意味であるので、Nicolle (1998b) はそれを多義的であるとは考えていない。

■ 3. 手続きと主観性／間主観性

after all は、第1節で述べたように、字義的用法から正当化用法へと優位性が変化した。こうした通時的変化によって現代英語に分布する多様な用法について、本節では、主観性 (subjectivity) と間主観性 (intersubjectivity) という観点から論じてみたい。

副詞あるいは副詞相当語句から談話連結語への意味変化に関し

て、Traugott (1999: 123) によれば、話し手の見方や態度、判断を表わす'expressive'の意味の中身は (24) のように、より主観的、手続き的かつ非真理条件的意味をおびたものである。

(24) less > more subjective
propositional > discourse meaning
content/truth-conditional meaning > procedural/non-truth-conditional meaning

主観化 (subjectification) について、Traugott and Dasher (2002: 30) は (25) のように定義している (括弧は筆者)。

(25) Subjectification is the semasiological process whereby SP/Ws [speakers or writers] come over time to develop meanings for Ls [lexemes] that encode or externalize their perspectives and attitudes as constrained by the communicative world of the speech event, rather than by the so-called "real-world" characteristics of the event or situation referred to.

主観的な意味をもつ表現には、発話の伝達において、命題内容に対する話し手や書き手の認識的態度 (epistemic stance) が明示されている。Traugott (1999: 4) は、間主観化の例として現代英語の let's の意味変化を挙げている。let's は let が語彙的意味をもつ 'let us' の縮約形であり、'allow us' (私達が〜するのを許可して下さい) という命令の意味を持っていた。やがてそれが人に何かを勧める勧奨的意味を持ち、さらには聞き手との関係を和らげる緩和的な意味 (mitigation) をもつに至った。例えば、"Let us go, will you." は聞き手に許可を求める言い方であったのに対して、主観的な "Let's go, shall we." では人に勧める話し手の行為を表わしており、"Let's take our pills now, Johnny." という表現に至れば、「そんないやな顔をしないで、飲もうよ」といった聞き手の反発に共感した間主観的な意味を持っているとされる。

間主観化は、主観化との対比において (26a-c) のように定義されている (Traugott (1999: 3))（括弧は筆者）。

(26) a. While subjectification is a mechanism whereby meanings become more deeply centered on the speaker, intersubjectification is a mechanism whereby meanings become more centered on the addressee.
b. Intersubjectification is the semasiological process whereby meanings come over time to encode or externalize implicatures regarding SP/W's attention to the "self" of AD/R [addressees or readers] in both an epistemic and a social sense.
c. Intersubjectification is later than and arises out of subjectification.

主観化ののちに生じる意味変化としての間主観化とは、話し手（あるいは書き手）と聞き手（あるいは読み手）との相互作用から生じるものである。

関連性理論による文法化の説明において、Nicolle (1998a) も主観化をその要因として挙げていることからも、主観化（さらには間主観化）への語彙表現の意味変化は関連性理論の枠組みにおいても捉えることが可能であると言えよう。Clark (1993) は関連性理論の観点から、命令の意味をもつ動詞 let から発達した let us 構造と let's 構造の意味は、高次表意への情報を符号化しているか否かという点で異なると主張している。

(27) a. Let them go to the beach.
b. Let us go to the beach.
c. Let's go to the beach.

let が主動詞として用いられている (27a) のような命令文の場合、この発話の論理形式では誰かが誰かに浜辺へ行くことを許すという状況を表示している。この構造において、想定される主語は二人称であり、表出命題は実

165

現可能性があり (potential)、かつ望ましい (desirable) 状況の記述としての思考を表示している。その状況は話し手、あるいは聞き手やその他の誰かの視点から望ましいものであり、話し手は聞き手に他の誰かが浜辺へ行くことを許してほしいということを伝達している。この点において、動詞 let は表出命題に貢献していると言える。一方、let us 構文 (27b) と let's 構文 (27c) において、命題内容が表示する状況は、(27a) と同様に実現可能性がありかつ望ましい状況であるが、命令という語彙的意味を符号化していないという点で表出命題には貢献していない。一方、let us 構造に対して、let's 構文は話し手自身の視点から beach へ行くという状況が望ましいということを伝達している (cf. Clark (1993: 191))。Clark は明言してはいないが、beach へ行くということの望ましさは話し手の視点から述べられているという点において、let's 構文は主観性を担った表現であると言えよう。

　それでは、主観性／間主観性の観点から、現代英語の after all の多様な用法について考えてみよう。after all の譲歩的用法、想起的用法、正当化用法には、字義的用法がもつ命題的意味というよりも、命題に対する話し手や書き手の認識的態度が表わされていると考えられる。(28) は譲歩的用法の例である。

(28) a. Then he charged them for board and he bought the clothes for them, too. So they got little money **after all**. 　　　(WB: usbooks0045)
　　 b. She tried to pump herself up by thinking. They've saved the best for last. Maybe the day would have a happy ending **after all**.
　　　　　　　　　　　　　　　　　　　　　　　　　(WB: usbooks0042)
　　 c. The good life he had criticized so sharply seemed to have captured him **after all**.　　　　　　　　　　　(WB: usbooks0047)

(28a) において、after all は、それが先行する命題が導かれた理由 (先行発話) の想起を指図している。つまり、「ほとんどお金をもらわなかった」という単なる命題の発言ではなく、その結論に対する話し手の捉え方が反映さ

れている点で主観的であると言えよう。日本語にした場合、「だから彼らはほとんどお金をもらわなかった」よりも「だから彼らはほとんどお金をもらわないということになったのだ／です」の方がより適切に聞こえるだろう。(28b-c) では、after all の主観性は、maybe、seem などの話し手自身のモダリティーを表す語彙と共起しやすいこととも関係している。

　一方、想起的用法では、after all に後続する要素は、聞き手にとっての情報の新旧には関わらず、その命題に対する聞き手の認識に関わる態度(「あなたも知っているように」という話し手のスタンス)が多少なりとも示されている。(29) を見てみよう。

(29) a. Her punctuality amazed me. Beautiful women, **after all**, rarely arrive anywhere on time.

(WB: usbooks0050)

b. National Socialism, **after all**, might prove to be a flash in the pan, scarcely more substantial than the ill-fated National Union of Dr. Wolfgang Kapp thirteen years before.

(WB: usbooks0022)

c. And I thought of the subtle pressure that society places on dying, terminally ill, or debilitated people, reminding them that expensive treatment does, **after all**, have its limits.

(WB: usbooks0026)

(29a) では、after all は美しい女性の遅刻癖を読み手に想起してもらうために用いられ、結果的にそれが "Her" で指示された女性の特異性を高めている。(29b)、(29c) においても、after all がなければ新情報として伝達されるであろう内容を、相互に顕在化された情報として呼び出すことを命じ、それらの情報を読み手に想起してもらいたいという態度やコメントが表れている。

　想起的用法が先行発話に対して間接的に根拠として解釈されるのに対し

て、正当化用法では、文法化された構造として根拠の提示は明示的である。
(30) を見てみよう。

>
> (30) a. I'm not advising you to throw away your makeup or forget about your appearance. **After all**, we do live in a world where beauty counts. (WB: usbooks0005)
> b. Although it was so early in the morning a certain softness was perceptible in the fresh air. **After all**, it was already the end of March. (WB: usbooks0046)
> c. It's an honor to be accepted to NAFE. **After all**, fewer than 1 out of 12 American women will ever be offered the opportunity to join us. (WB: usephemera0770)

(30a-c)において、結論を呼び出し可能性の高い事実や真理のような情報で根拠づけるという正当化用法の after all が担う対人レトリック的な機能がうかがえる(第4章4.2節も参照のこと)。女性である聞き手自身も納得済みであろう美に関する社会通念(30a)、長年の経験を通して得られた季節感(30b)などは、それ自体を聞き手自身も共有しているものとして提示されるために、話し手の結論は聞き手により容易に納得されることになる。根拠が聞き手にとって新情報であると考えられる(30c)においても、それがあたかも知っていてもおかしくないような情報として提示されていると言えよう。正当化用法における after all の想起という役割は、認知環境にある想定から結論を強めるために最適な想定を根拠として呼び出すことにある。想起の結果として、先行節で表わされた話し手自身の意見や見方を聞き手に首尾よく受け入れてもらうという目的が達成される。このように、正当化用法は、話し手と聞き手の相互作用の中で、単なる主観的という概念では捉えきれない意味をもっているように感じられ、聞き手とのやりとり(つまり、聞き手の解釈への話し手の介入)が含まれていると言える。正当化用法の after all がもつこうした意味には、間主観的意味への傾きが感

じられる。

■ 4. おわりに

　本章では、18世紀の言語データとしての *Letters of Delegates to Congress* と現代英語のデータとしての Collins Wordbanks の比較により、2つの時代のアメリカ英語における after all の用法の優位性の違いを調べ、*Letters of Delegates to Congress* において字義的用法が用法として優位であったが、現在では正当化用法が極端に優位であると結論づけた。さらに、その用法の優位さの変化を主観性および間主観性という概念で説明しようと試みた。比較に際して抽出した用例数の不統一などの問題点はあるものの、after all の意味の優位性がどのように変化したかをある程度説明できたのではないかと思う。字義的用法から正当化用法への通時的変化は、主観化（および間主観化）としても捉えることができるであろう。

第7章

照応表現の理解とメタ表示

　この章では、言語的コンテクストと非言語的コンテクストにおいて用いられる照応表現の認知プロセスについて、関連性理論の枠組みで統一的に説明することを目的とする。代名詞や省略形という言語的手がかりを用いた指示対象の確定は、メタ表示（metarepresentation）に基づく認知能力に支えられたものであるという指摘の上で、動詞句照応表現が符号化している手続きを明らかにしたい。さらに、照応表現と直示表現の手続き的情報の違いについても考えたい。

■ 1. 多様な照応表現

　代名詞や省略表現などの照応表現は、先行する文脈の中で生じた言語表現の代用表現として機能する結束表現である。また、その多くは、先行詞が明示的に言語的コンテクストにある場合と、言語的には非明示的な事物や行為が物理的環境などの非言語的コンテクストにある場合の双方において用いられる。代名詞や省略形という形態の多様さに加えて、照応表現とは、(1)のように名詞句照応、動詞句照応、文照応などの結束機能を担う多様な言語表現のグループである。[1]

（1）　a. definite pronoun: The guards trooped into the barracks. They took off their uniforms.

　　　b. indefinite pronoun: Sally admired Sue's jacket and then she got

---

[1] その他、the man のような定名詞句、不定名詞 one、文照応と同様の働きをする so や not、あるいは the idiot や the bastard などのような照応的に用いられた罵り語（epithet）などもある。照応表現のリストは、Hankamer and Sag (1976)、Murphy (1985)、Garnham (2001) などを参照されたい。

one for Christmas.
c. verb phrase ellipsis: I'd love to go skiing and one day I'm sure I will.
d. sluicing: Someone has stolen my wallet but I don't know who.
e. gapping: Mark went on a day trip to London and Fred on a long weekend to Manchester.
f. stripping: Fred likes eating beans, but not spaghetti.
g. *do it* anaphora: I'd like to run three miles, but I don't seem to be able to do it.
h. null compliment anaphora: The team needed someone to fix the machine, so I volunteered.
i. sentential *it* anaphora: My aunt wants to come for Christmas. I don't believe it.

本章では、照応表現の中の (1c-h) のような動詞句照応に焦点を当て、その認知プロセスに制約を与える一般的な手続き的情報について考察を行う。(2) と (3) が示すように、同一の照応表現が言語的コンテクストと非言語的コンテクストの双方において使用可能である (太字は筆者)。

(2) a. "I'm angry. And miserable. Peter deserves better." "Shall I go away?" "Please **don't**." Isobel said, "I don't expect Peter minds as much as you do." (BMC: CMJ)

b. He made a swift gesture of drawing a knife across his throat, rolled up his eyes and gagged. The sound was horribly realistic, a gush of blood in the throat. She cried out: "Oh don't, Darren, please **don't**!" (BNC: CJF)

(3) a. Fenny Cole pushed back her chair. "You know what happens if we try to force it, Lilith. We've done well enough for one night, and

it'll be standeasy soon. Let's all try again tomorrow." "**Shall we**?" Lilith looked directly at Vi. "Tomorrow night, after supper?"

(BNC: CEH)

b. The record ended and Erika walked off the floor with Herman in attendance. Herr Hocher put on another record, an amateurish jazz band. "**Shall we**?" Herman said. (BNC: A7A)

(2)と(3)では、それぞれ省略表現"don't"と"shall we"が双方のコンテクストで用いられている。これらの表現には(2a)と(3a)では言語的先行詞があるが、(2b)と(3b)では言語的に明示された先行詞が見当たらない。(2a)と(3a)においては、省略表現は先行談話の中に"go away"や"try"という先行詞を見つけることができる。それに対して、(2b)の"don't"は例えば"don't kill me"に、(3b)の"shall we"は"shall we dance"のように語用論的に拡充される、さらに、言語的コンテクストと非言語的コンテクストの双方で使用される三人称代名詞の振る舞いをみても、基本的には照応表現自体が使用されるコンテクストを選ぶわけではないということがわかる。

　別の側面から照応を考えてみよう。照応表現は慣習的な会話の方略に基づく表現である。この方略により、照応表現を含む発話の聞き手は、照応関係を正確にかつ余分な労力を費やさずに理解することができると言える。こうした照応表現は、代名詞のように言語的に顕在であるか省略表現のように欠損要素を伴うかに関わらず、それを含む発話の意図された解釈へ首尾よく到達するために特定の手続きを符号化していると考えることができる。それにも関わらず、照応関係の成立には、労力に関して明らかな違いがあると感じられる。例えば、動詞句削除（verb phrase ellipsis）の例(4)と do it 照応の例(5)を見てみよう（太字は筆者）。

（4）　A: Do you think John will take charge of my son?

　　　B: Maybe he won't.

（5）　[Will has been persuading his friend Marcus to quit singing as often as opportunities allow]

Marcus: My accompanist left.

Will: Well, that's brilliant. Then you don't have to **do it**.

(Screenplay *About A Boy* (2003))

(4)の省略表現"won't"は先行談話をもとにして構築される文脈想定を用いることで、"won't take charge of your son"へと拡充される。それに対して、(5)の"do it"は同様に形態的に動詞句を指示するにも関わらず、それは先行談話自体には存在せず、(4)に比べると、照応解決 (anaphora resolution) にはより多くの語用論的推論を必要とすると誰しも感じるであろう。

こうした事実に対して、これまで統語的説明や語用論的説明が別々に与えられるだけで、直接的かつ包括的な説明はなされてこなかったように思われる。照応の理解にも発話解釈の本質的な原理が働いているため、解読と推論のプロセスが等しく関わっていると考えられる。関連性理論の立場から、Carston (2000: 8) は発話解釈のストラテジーを(6)のように述べている。

（6） The relevance-theoretic view…picks out a natural class of environmental phenomena, namely, ostensive stimuli, and the same comprehension strategy is taken to click into action in response to these stimuli, whether linguistic or not.

関連性理論の見方では、言語化されたものであろうとなかろうと、選び出された意図明示的刺激に対して、同一の解釈ストラテジーが起動する。照応表現の指示対象を確定するための意図明示的刺激として働く文脈情報が、言語的・非言語的を問わず、同一の認知の方略に基づいて発話解釈に用いられているとすれば、使用されるコンテクストを分けることなく統一的に説明できるはずである。関連性理論の主要な議論をもとに、動詞句照応プロセスは同一の認知原理により制御されているという視点で議論を進めたい。

■ 2. 照応分析のこれまでの試みと問題点

2.1 言語的制御と語用論的制御の二分法

　照応表現の認知プロセスに関する伝統的な説明は、表層照応（surface anaphora）と深層照応（deep anaphora）という区別であろう。簡潔に言えば、表層照応とは、先行詞が言語的コンテクストにより確定する照応であり、深層照応とは、それが非言語的コンテクストにより確定される照応である（cf. Hankamer and Sag (1976)）。前者の例としては、動詞句削除（verb phrase ellipsis）や重複動詞剥奪（stripping）、間接疑問文縮約（sluicing）、空所化（gapping）など、後者の例としては、代名詞や空補文照応（null compliment anaphora）、do it 照応などが挙げられる。Sag and Hankamer (1984: 325) は両者の照応プロセスを(7)のように定義する。

(7)　a.　only deep anaphora can be used deictically, or...can be 'pragmatically controlled'
　　　　（深層照応のみが直示的に用いられ、語用論的制御を受ける）
　　b.　only surface anaphora requires parallelism in syntactic form between anaphor and antecedent
　　　　（表層照応のみが照応形と先行詞の間の統語形式の平行性を必要とする）

この二分法において、表層照応は照応形と先行詞との統語的平行性（syntactic parallelism）を必要とするという意味において言語的制御（linguistic control）を受け、深層照応は現実世界のものや状況を直接指すことができるという意味において語用論的制御（pragmatic control）を受けると考えられた。2つの照応は、照応形と先行詞の照応関係が成立するために必要なこの2つの制御のメカニズムの違いに基づいている。しかし、一見明確に見えるこの二分法でも説明できない例がある。

　第一に、談話の冒頭に生じ、言語的に先行詞が見当たらない動詞句削除

は頻繁に見られる現象である (cf. Hankamer and Sag (1976), Schachter (1977), Stainton (1997), Stanley (2000), Merchant (2004))。重複動詞剥奪 (8a) と動詞句削除 (8b, c) は、Hankamer and Sag (1976: 409) からの例である。

（8） a. Not in my basket, you don't.
　　　b. [Hankamer brandishes a cleaver, advances on Sag.]
　　　　 Don't! My God, please don't.
　　　c. [If you see that an acquaintance has dyed his hair green, you can say:]
　　　　 You didn't.

Hankamer and Sag (1976: 409) は、(8a-c) のように命令や忠告のような発話の力をもつ場合には、表層照応でも語用論的制御を受けると説明する。つまり、陳述のような発話の力をになう厳密な意味での肯定文で用いられた場合にのみ、表層照応は言語的に制御されると主張する。しかし、なぜ陳述以外の発話の力が、表層照応の語用論的制御の可能性を高めるのかは明らかにされてはいない。

同様の指摘は Schachter (1977) でもなされており、そこで扱われている表層照応の例は、以下のようにすべて動詞句削除である。

（9） a. [John tries to kiss Mary. She says:]
　　　　 John, you mustn't.
　　　b. [John pours another martini for Mary. She says:]
　　　　 I really shouldn't.
　　　c. [The band starts playing, and several couples head for the dance floor. Puling back his chair and half-rising, John says to Mary.]
　　　　 Shall we?
　　　d. [John hands Mary an expensive present he has bought for her. She says:]

Oh, John, you shouldn't have.

　Hankamer and Sag の疑問に答えるために、Schachter (1977: 764) では、命令文のような非肯定文は肯定文に比べて、指示領域 (referential range) が狭い (つまり、それだけ先行詞が容易に理解できる) からだと説明する。例えば、省略の場合、陳述タイプの省略形ではいかなる情報も復元可能であるが、要求タイプの省略形は聞き手が遂行する行為に、質問タイプの省略形は聞き手が所有していると考えられる情報に限られる。(9a, d) の忠告、(9b) の拒否、(9c) の招待についても、同様の説明が可能であろう。しかし、Schachter が引用した久野暲博士の示唆 (10a) では、陳述タイプの動詞句削除が語用論的に制御されている。さらに、(10b) と (10c) が示すように、間接疑問文縮約も語用論的に制御されうる。

(10)　a.　[A and B are competing in weight lifting. A lifts 300 pounds. B says.]
　　　　　 If you can, so can I.
　　　b.　[A is teaching B how to use a new copy machine. B says:]
　　　　　 Show me how.
　　　c.　[As soon as John produces a gun, it goes off before Bob's eyes. Bob says:]
　　　　　 Oh, I wonder why.

　第二に、深層照応でも、照応プロセスが先行詞の形態的特徴により影響を受けるという点で言語的に制御される側面がある。Tasmowski-de Rick and Verluyten (1981, 1982, 1985) によれば、深層照応の解釈において、非言語的情報のみならず、言語的情報も重要な働きをする。(11) を見てみよう。

(11)　a.　[John wants his pants that are on a chair and he says to Mary:]
　　　　　 John: Could you hand them / *it to me, please?

177

    b. [Same situation, but with a shirt:]

        John: Could you hand it / *them to me, please?

(Tasmowski-de Rick and Verluyten (1982: 328))

現実世界のものであるズボン (pants) やシャツ (shirt) は単数・複数といった言語的カテゴリーとは直接関係はないが、単数の"it"と複数の"them"の間の選択は、先行詞の言語的形式により影響を受けている。この事実は、現実世界のものを直接指示すると定義されてきた深層照応もまた、言語的要因と関わりがあるということを表している。

　さらに、gender marking はフランス語の例 (12) などが顕著である。

(12)　a.　[John is trying to stuff a large table (*la table*, FEM.) in the trunk of his car; Mary says]

　　　　　Tu n'arriveras jamais à {la/*le} faire entrer dans la voiture.

　　　　　'You'll never manage to get {it (FEM.)/ *it (MASC.)} into the car.'

　　b.　[Same situation, but with a desk (*le bureau*, MASC.):]

　　　　　Tu n'arriveras jamais à {le/*la} faire entrer dans la voiture.

　　　　　'You'll never manage to get {it (MASC.)/*it (FEM)} into the car.'

(Tasmowski-de Rick and Verluyten (1982: 328))

言語的先行詞がないにも関わらず、la と le の使い分けは、名詞（テーブルと机）の性に関する言語的要素によるものである。

2.2　いわゆる先行詞を持たない照応

　談話における照応のふるまいの中で、もっとも説明しにくい現象は、談話の始まりに用いられ、言語的先行詞をもたない3人称代名詞やあるいは動詞句削除のようないわゆる 'situationally recoverable' (Halliday (1967))、あるいは 'contextually salient' (Yule (1979)) と呼ばれる照応である。これらは先行詞を持たない照応 ('antecedentless' anaphora) とも呼ばれ、その認知メ

178

カニズムについて、これまでさまざまな立場から議論が行なわれてきた。

そのひとつは統語的な観点からの議論である。非言語的コンテクストで用いられ、状況から復元が可能であり、文脈的に際立ちが高いこうした外界照応 (exophora) に関して、Tasmowski–de Rick and Verluyten が提案する制御メカニズムでは、不在の言語先行詞 (absentee linguistic antecedent) が仮定される。その制御メカニズムをまとめたものが (13) である。

(13)　absentee linguistic antecedent <linguistically controls> pronoun

このメカニズムにおいて、先行詞を持たない代名詞は現実世界のものや状況を直接指すのではなく、あたかも言語的コンテクストの場合のように、不在の先行詞が代名詞を言語的に制御しているために、先行詞のカテゴリーの選択が行なわれると考える。[2]

同様の議論は、非言語的コンテクストで用いられ、語用論的制御を受ける動詞句削除の説明でも行なわれる。Stanley (2000: 404) の例 (14) を見てみよう。

(14)　[Looking at some boys about to bungee jump off a bridge over a river] John won't.

ビルがクレーンのジャンプ台に立ち、飛び出そうとしている時、サラはジョンの高所恐怖症に気づき、頭を振りながら友人達に (14) のように言う。Stanley はこうした動詞句削除も言語的制御を受けていると考える。つまり、コンテクストにより 'bungee-jump' という表現が統語的省略の (不在の) 言語的先行詞として際立ちを与えられることで、照応が成立する (p.405)。Merchant (2004) は Stanley の考え方を踏襲、拡張し、談話の冒頭で用いられた動詞句削除は削除された動詞句として仮定された [$_{vp}$ *do it*] をもち、その行為の際立ちが高いものを指示すると主張する。

---

[2]　この説明では、直示的に物理的状況にあるものを直接指すという Hankamer and Sag の語用論的制御の本来の意味とは異なっている。

しかし、不在先行詞を介した制御の仕組みには十分な理論的根拠が必要である。特に、談話が産出され理解される際にそうした先行詞がどこにどのように存在するのかを明らかにしなくてはならない。さらに、空所化や重複動詞剥奪などの場合でも、削除された動詞句に対して不在先行詞を仮定できるとすれば、どうして非言語的コンテクストにおいて、動詞句削除の場合とは異なり、照応関係が成立しにくいのかが説明ができないであろう。
　こうした統語的分析に対して、認知的な観点からの議論は有効であろう。Cornish (1987, 1996) は、不在言語的先行詞も先行詞をもたない照応形の言語的制御可能性も不適切であると考える。(15) では代名詞"him"の候補となる先行詞は存在しないし、非言語的コンテクストにおいて"him"が指示する人物は話し手にとって可視的な存在でもない。

（15）　[Passage of a speech by the Vice-Chancellor of the University of Kent to the academic staff concerning the situation the University found itself in at the time. At this point in the speech, the VC is broaching the issue of the search for a new Chancellor:]
　　　'…all nominations should be in by 5 November… [laughter from the floor]… We hadn't consulted **HIM**!'　　　(Cornish (1996: 29))

聞き手は注意の焦点としての指示対象が心的に表示された個体 (entity) にアクセスできるだろう。Cornish の枠組みにおいて、有意味なしぐさのような先行詞誘発因子 (antecedent-trigger) が指示対象の心的表示を構築するための引き金となる。(15) においては、話し手には確定できない男性の笑い声が、聞き手の側にも語用論的推論を引き起こす。このアプローチは Bosch (1988: 223) でも同様の視点から議論されており、照応形は指示対象と直接関係づけられているのではなく、どんな場合でも推論や他の方法により先行詞の指示対象の心的表示と関係づけられていると言える。
　動詞句削除の例 (16) においても、認知的な説明が可能である。

(16) [The department secretary, about to leave the production office at the end of a working day, gives a quizzical look towards the photocopier and then to me, the last person in the office that evening. Me to her:]
I will, don't worry! (Cornish (1999: 126))

(16)における先行詞誘発因子は、秘書から向けられた話し手とコピー機への視線である。その視線は、職場という特定のコンテクストに関するルール（週末には最後に職場を出る者がコピー機の電源を切る）に際立ちを与えることで、"switch the photocopier off"が省略の指示対象として拡充される。

2.3 Murphy (1985) の復元可能性の尺度

　言語的制御／語用論的制御の二分法に対して、Sag and Hankamer (1984) では、照応全般は談話の産出と理解についての遂行モデル（performance model）により説明され、そのモデルの中で省略と解釈という異なる2つの照応プロセスを堅持している。一方、Murphy (1985) の心理的説明では、どちらの照応も表層的命題としての情報と談話モデルから導かれる情報の双方を利用した先行詞の復元が行われていると主張することで、言語的制御／語用論的制御、あるいは省略／解釈という一連の二分法に異議を唱える。照応の違いとは、表現形式のタイプの違いではなく、聞き手が先行詞を復元する際の困難さの違いであり、この程度の違いこそが2つのクラスの照応の存在を証明すると主張する。先行詞復元の難しさを決める尺度は次の2つである。

(17) a. 照応形自体がもつ先行詞になりうる候補の数
　　　b. 照応形を含む文がもつ先行詞を復元するための手がかりの数

尺度(17a)では、潜在的に先行詞となりうる数が少ないほど聞き手は先行詞を容易に復元することができ、逆に先行詞の探査領域（search space）が広ければ復元も困難になる。一方、尺度(17b)では、より多くの統語的あるいは形態的な手がかりがあるほど、また照応形を含む文が長く完全であれ

ばあるほど、先行詞を容易に復元することができる。そして、この 2 つの尺度を用いることで、照応のタイプは (18) のように分類される。

（18） a. 照応形の先行詞となりうる候補の数が限定的であるほど深層照応であり、限定の度合いが少ないほど表層照応に分類できる。
b. 照応形を含む文内に先行詞を復元するための情報（手がかり）を多く保持している照応ほど深層照応に分類できる。

Murphy の主張によれば、表層照応は省略形を含んでおり、潜在的に指示することできる先行詞は限定されず、また文内の手がかりが少ないために、先行詞の復元は容易ではない。それに対して、深層照応は先行詞の特徴を確定することができ、文として完全な形態であり手がかりが多くあると考えられるので、先行詞の復元は容易である。つまり、復元の尺度 (recoverability scale) によると、表層照応は "not easy"、深層照応は "easy" であるということになる。

しかし、いくつか問題がありそうである。第一に、Murphy の主張は、表層照応の方が先行詞の復元が難しいために照応の理解に時間がかかるということを暗示するかもしれない。しかし、Tanenhaus and Carlson (1990) の実験によれば、深層照応の理解にかかる時間 (comprehension time) は表層照応よりも長いことが示されている。[3]

第二に、2 つの尺度スケールは恣意的なものに感じられる。例えば、このスケールによると、動詞句削除と *do it* 照応を比べた場合、動詞句削除は潜在的に指しうる先行詞の数が多く、復元の手がかりが少ないのに対して、*do it* 照応は意図的な行為を指示するという点で潜在的に先行詞となりうる対象が限られ、復元の手がかりも多いということになる。しかし、コンテクストをもとにした復元を想定した場合、省略形が無限の対象を指示すると考える必要はないであろう。先行詞の復元の難しさのために、それが言

---

[3] 同じような結果が、日本人英語学習者を対象とした実験（大津 (1999)）でも示されている。

語的に存在する場合に表層照応が用いられるように文法が規定していると主張するが (pp.792-793)、表層照応の先行詞は必ずしも言語的である必要もない。また、深層照応の中で sentential *it* anaphora は、いかなる出来事や状態も潜在的に指示可能であるという点から、先行詞復元の尺度としては表層照応と同じ "not easy" というスケールに位置づけられている。この照応は明らかに他の深層照応と同じように照応形が顕在化しているにも関わらず、人称代名詞に比べて手がかりが少ないと判断する基準が不明確である。

先行詞の復元可能性の尺度に基づくこの分類は、2つの類似した照応表現の比較により相対的に基準が決められることにも問題がある。例えば、空補文照応 (19a) と動詞句削除 (19b) を比べた場合、Murphy の分類では通常の見方とは逆になる。

(19) a. I don't see why you even try.
b. I don't see why you even try to.

Murphy 自身、(19a) の "try to" の方が (19b) の "try" よりも先行詞を復元するのに役立つ情報が文内に多いので、"try to" は "try" よりもさらに深層照応的であると予測している。[4] さらに、"try to" が深層照応だと考える根拠は、同様の照応形 "refuse to" が、(20a) のように統語的にパラレルな先行詞を必要とせず、また (20b) のように語用論的制御を受けることにあるとする。

(20) a. A: The garbage needs to be taken out.
B: Well, I refused to. (Murphy (1985: 799))
b. [Each person at the table swallows a goldfish whole.]
A: Come on, Lee, it's your turn.
B: Not me, I refuse to. (Murphy (1985: 800))

---

[1] Murphy は "try to" を Comp-VPE と呼び、動詞句削除 (VPE) と区別している。

しかし、"try"を深層照応（空補文照応）、"try to"を表層照応（動詞句削除）に分類する判断が一般的であろう。省略形による照応の場合でも、語用論的再構築 (pragmatic reconstruction) (cf. Carston (2000: 18)) による指示は可能であるので、厳密な意味で言語的制御を受けないものをすべて深層照応だと考える必要もない。

　照応形により先行詞や指示対象の復元の難易度に違いがあるというのは、おそらく間違いはないであろう。しかし、言語的に顕在化した先行詞のみならず、聞き手の心的表示も指示対象の確定に用いられると考えた場合、言語的に顕在化した構造による手がかり（つまり、照応表現の構造が先行詞の探査領域の幅を決め、文内の言語要素が手がかりとなること）をもとにした照応プロセスのみを仮定しているところに問題の所在があるように思われる。

2.4　第2節のまとめ

　言語的制御／語用論的制御の二分法は、照応表現とそれが使用されるコンテクストの間の対応関係に他ならない。しかし、表層照応でも言語的先行詞が不在の場合に用いられ、深層照応でも言語的先行詞があればまずはそれにアクセスするという事実を考えると、照応表現の理解には常に言語的（統語的）要因と語用論的要因の双方が関わっている。

　Murphy は Sag and Hankamer の二分法に異議を唱え、照応形とそれを含む文内の先行詞復元の尺度により、復元が難しい照応と復元が容易な照応に分けることを試みた。しかし、言語表現としては、どちらのタイプの照応表現も最適な関連性を達成するための言語結束装置だと考えられるであろう。先行詞の復元あるいは指示対象の確定の難しさの程度は、照応形の形態やそれを含む文内の統語的手がかりにあるのではなく、照応を成立させる認知の仕組みに関係があると考えられる。この点において、Cornish の心的表示の考え方は照応理解に深く関わっており、先行詞や指示対象が言語的に顕在である場合もそうでない場合も、同一の解釈のメカニズムでの説明が可能になるであろう。第3節では、心的表示に基づく照応理解の仕組みを詳述化する形で、動詞句照応の認知プロセスを例にして、その統一的な説明を行いたい。

■3. 動詞句照応のメタ表示的分析
3.1 特殊な飽和としての照応プロセス

指示対象を探す言語的手がかりは表層照応と深層照応ではタイプが異なっている。(21a, b) のように、その論理形式において、省略表現を主な例とする表層照応が先行詞を探すための統語的手がかりを含んでいるのに対して、(21c, d) のように、深層照応が与える手がかりはより意味的である。

(21) a. verb phrase ellipsis: I'd love to go skiing and one day I'm sure I will [vp   ].
b. gapping: Mark went on a day trip to London and Fred [vp   ] on a long weekend to Manchester.
c. *do it* anaphora: I'd like to run three miles, but I don't seem to be able to **do it**. [what intentional act?]
d. null complement anaphora: The team needed someone to fix the machine, so **I volunteered**. [what voluntary act?]

動詞句削除や空所化の場合、統語的手がかりにより非明示的な項が補充される。一方、*do it* 照応には意図的な行為を、"I volunteered." には自発的な行為を、それぞれコンテクストから探す意味的手がかりが含まれている。しかし、指示対象が確定されるまでその発話の真理条件を問うことができない点ではどちらも同じである。

このように、照応表現は非明示的な要素をコンテクストから補充するための言語的手がかりを符号化していると言える。言語的指図により発話の真偽判定を可能にする要素が言語的・非言語的コンテクストから義務的に補充されるという表意構築のプロセスは、それが飽和に基づくものであることを示している。[5] 動詞句削除の例 (4) を再度見てみよう。

---

[5] 飽和という表意形成プロセスについては、第1章4節を参照されたい。

(4) A: Do you think John will take charge of my son?
　　 B: Maybe he **won't**.

　照応プロセスは特別なタイプの飽和であると考えられる。照応表現は照応に関する言語的指図が慣習的に符号化された結束表現である。例えば、(4)の動詞句削除は、指示対象の語彙的特徴を特定化することで、聞き手がコンテクスト内の動詞句にアクセスすることを容易にしている。[6] もう一つの特徴は、照応の解釈に用いられる文脈想定の構築の仕方にある。照応表現の指示対象の確定は，先行発話や物理的環境などの言語的あるいは非言語的情報をもとにして構築される文脈想定に依存している。このプロセスにおいて、聞き手は言語的あるいは非言語的情報の中の指示対象に直接アクセスするのではなく、それらをさらに表示したものの中から指示対象を確定していると考えられる。この点で、動詞句削除において、先行詞の復元は削除規則に基づくのではなく、先行発話の心的表示にアクセスすることで照応関係が成立していると言える。(4)に見られる代名詞の交替に関わる語用論的再構築がそれを示唆している。

3.2　言語的メタ表示と非言語的メタ表示

　前節において、照応プロセスに関わる飽和の特異性として、直前の発話や物理的状況から直接的に指示対象を確定するのではなく、言語的、非言語的情報として表示されたものを聞き手が表示し直すことで指示対象を確定していると述べた。こうした表示の表示（representation of representation）という認知プロセスは、照応プロセスがメタ表示（metarepresentation）に依っていることを示すものである。

　思考や発話の解釈的使用には、表示されるものに対して3つの異なる認

---

[6] 省略表現は文断片的発話と同一視してはならない (cf. Stainton (1995, 1997))。音声としては実現化されてはいないが、省略表現を含む発話の論理形式は十分に文的であると考えられる。文断片的発話の表意の形成は自由拡充に基づくという議論も含めて、詳細はCarston (2000: 17-18)、Carston (2002: 152-153) を参照されたい。

知能力が関わっている。メタ心理能力（metapsychological ability）は思考のような心的表示の表示、メタコミュニケーション能力（metacommunicative ability）は発話のような公的表示（public representation）の表示、メタ論理能力（metalogical ability）は文や命題などの抽象的表示（abstract representation）の表示に関わる能力である（cf. Wilson (2000)）。メタ表示は、認識的に低次表示（lower-order representation）が高次表示（higher-order representation）に埋め込まれた形をしている。高次表示は一般的に発話や思考であり、それが埋め込む低次表示には、発話のような公的表示、思考のような心的表示、文や命題などの抽象的表示の3つがあるとされている（cf. Wilson (2000: 414)）。したがって、理論的には、(22)の6つのメタ表示方法が考えられ、(22a-c)は言語的メタ表示（linguistic metarepresentation）、(22d-f)は非言語的メタ表示（non-linguistic metarepresentation）と捉えることができる。

(22) a. 公的表示の公的表示
 b. 心的表示の公的表示
 c. 抽象的表示の公的表示
 d. 公的表示の心的表示
 e. 心的表示の心的表示
 f. 抽象的表示の心的表示

言語的メタ表示の中で公的表示が公的表示された言語のメタ表示用法（metarepresentational use）はそのサブタイプとして内容の類似性（resemblance in content）に基づく解釈的用法（interpretive use）と形式の類似性（resemblance in form）に基づくメタ言語的用法（metalinguistic use）を持つ（cf. Sperber and Wilson (1986/1995: 224-231)、Noh (2000: 74-75)）。解釈的用法に基づくメタ表示の典型的な例は、(23a-c)に見られるような言い換え（reformulation）であろう。

(23) a. A: I cleaned the teapot with bicarbonate of soda.

		B:	You cleaned it with BAKING SODA?

(Blakemore (1994: 210))

	b.	A:	Once the motivation to stop arises, it is not so difficult to kick the habit.

		B:	*In other words*, the habit is by no means incurable.

(BNC: A44)

	c.	A:	He doesn't have a Ph.D.

		B:	What?

		A:	They have a different system in England. The Ph.D. isn't so important.

		B:	*You mean* the jobs are hereditary?　　　(BNC: A1A)

(23aB)は難解な語彙の言い換え、(23bB)では先行発話の意味の言い換えによる要約、(23c)の言い換えでは先行発話から派生する推意結論が確認されている。

　さらに、エコー発話(24b, c)、(25B)においてメタ表示されているのは、先行発話(24a)、(25A)である。

(24)	a.	Peter: It's a lovely day for a picnic.

		[They go for a picnic and it rains]

	b.	Mary: (sarcastically) It's a lovely day for a picnic, indeed.

	c.	Mary: (sarcastically) It's a fabulous day for a picnic.

(Sperber and Wilson (1986/1995: 239))

(25)	A:	He is very kind.

	B:	(happily) He IS very kind, indeed.　　　(Noh (2000: 76))

ともに、先行発話の内容をエコーすることにより、それらに対する皮肉的な態度や同意的な態度を含んだメタ表示された想定が伝達されている。エコーした発話(24b, c)あるいは(25B)の内容は先行発話ですでに伝達され

ているので、皮肉や同意のような態度の伝達によりそれらは最適な関連性をもつと言える。

　一方、言語形式の類似性に基づくメタ言語的用法は、典型的な例である直接引用 (direct quotation) を始め、エコー発話やエコー疑問文、疑似条件文、メタ言語的否定 (metalinguistic negation) などに見られる。

(26)　A:　Do sit [si:t] down.
　　　B:　(critically) Do sit [si:t] down.　　　　(Noh (2000: 76))
(27)　A:　I've gotta go to Weslicks after this!
　　　B:　Gotta go where?　　　　　　　　　　(BNC: KCN)
(28)　If you can care for them, show them that you love them. (BNC: KRG)
(29)　If you're really interested in finding out all there is to know about us there's a book on the hall table that records our historic events and heroes.　　　　　　　　　　　　　　　　(BNC: HGY)
(30)　Poor old Mr Dean's not a bachelor; he's an unmarried man.
　　　　　　　　　　　　　　　　　　　　(Carston (2002: 295))

エコー発話 (26B) は、皮肉といった態度により先行発話がメタ表示されている点では同じであるが、(24) および (25) とは異なり、エコーされているのは先行発話の言語形式である。エコー疑問文 (27B) では、先行発話の質問が聞き取りにくいという理由でその形式がそのままエコーされている。(28) と (29) は疑似条件文の例である。(28) では前件が "If you say/believe you can care for them"、(29) では後件が "I inform you that there's a book on the hall table...." と明示的な言語形式に対してメタ表示された解釈が行われる。(30) はメタ言語的否定の例である。否定のスコープに入るのは "bachelor" という言語形式であり、ここでは Dean に対するその見方が受け入れられないという話し手の態度が明示的に表されている。

　当然ながら、言語によりメタ表示されるのは、言語的に明示的な発話 (公的表示) だけではない。

(31)　a.　[Mother raises a finger to her lips, indicating a baby's cot]
　　　　　　Boy:　If I have to be quiet, I will play outside.

(Noh (2000: 188))

　　　b.　A:　[writing in his notes "2+1=4"]
　　　　　　B:　If 2+1=4, you need more homework.

(Noh (2000: 187))

　(31a)の条件文の前件は、少年が母親の行動からその思考を読み取ったものを言語化しており、心的表示の言語的メタ表示と捉えることが出来る。一方、(31b)において、Noh はメタ表示されるものを「書かれた発話」と捉えているが、知覚表示の言語的メタ表示が行なわれていると考えたい。
　さて、議論を照応プロセスとメタ表示の関わりに戻してみよう。言語的コンテクストと非言語的コンテクストにおける照応プロセスを包括的に扱うためには、照応形は聞き手の心的表示と照応関係を成立させると考えることができる。したがって、言語を用いて他の表示をメタ表示する言語的メタ表示に対して、照応解決には非言語的メタ表示が関わっており、それは低次表示である発話や思考、あるいは状況や事態を心的に表示したものだと考えられよう。心的表示される低次表示は(32)である。

(32)　a.　原発話者の公的表示(発話)
　　　b.　原発話者の心的表示(思考や想定)
　　　c.　物理的事物や事態の知覚表示

　このモデルにおいて、高次表示は聞き手の心的表示であり、低次表示は原発話者(その発話や思考が低次表示として聞き手により表示される話し手)の発話や思考、あるいは知覚表示である。知覚表示とは、抽象的表示と同様に、どの会話参与者の認知環境にも属さないという意味において、非帰属的な表示(non-attributive representation)だと言える。さらにこのモデ

ルが示唆することは、照応表現の指示対象は、先行発話や物理的な事物や事態（ましてや原発話者の思考）に直接アクセスされるのではなく、それらの表示を聞き手が心的表示した文脈想定の中にアクセスされるということである。(4)、(33)、(14)の3つの動詞句削除を比べてみよう（太字は筆者）。

(4)　A: Do you think John will take charge of my son?
　　　B: Maybe he **won't**.

(33)　a.　He made a swift gesture of drawing a knife across his throat, rolled up his eyes and gagged. The sound was horribly realistic, a gush of blood in the throat. She cried out: "Oh **don't**, Darren, please **don't**!" (=(2b))

　　　b.　The record ended and Erika walked off the floor with Herman in attendance. Herr Hocher put on another record, an amateurish jazz band. "**Shall we**?" Herman said. (=(3b))

(14)　[Looking at some boys about to bungee jump off a bridge over a river] John won't.　　　　　　　　　　　　　　(Stanley (2000: 404))

省略された要素の補充に関わる想定は、(4)では先行発話の心的表示、(33)では原発話者の思考の心的表示、(14)は知覚表示の心的表示である。(33a)において、ナイフを喉元でちらつかせるというDarrenの意図明示的行為に対して、聞き手はそれが彼女を殺そうとする意図として心的表示し、その表示の中に省略表現の補充要素がアクセスされる。同様に、(33b)においては、ジャズの音楽が流れ始めて誘いの合図をするという行為自体がダンスの誘いという伝達意図を顕在化させる意図明示的行為であるために、聞き手はHerman自身の心的表示を読み取ることができる。これらの議論で重要なことは、照応表現の指示対象は、直接的にDarrenやHarmanの思考の中ではなく、それらの心的表示の中にアクセスされるというこ

191

とである。[7]

3.3　類似性の程度と文脈想定の呼び出し可能性

　ある命題が他の命題を表示する場合、2つの表示の間には解釈上の類似性が見られる。解釈的類似性 (interpretive resemblance) とは内容の共有という点での類似であり、2つの表示は論理的含意と文脈含意を共有するほど互いに類似性が高いと言える (cf. Wilson (2000: 426))。2つの表示の類似性を照応プロセスにあてはめると、原発話者の発話や思考あるいは知覚表示としての低次表示と聞き手の心的表示の間にも、言語形式と内容の点での類似性を考えることができる。発話の命題表示と同様に、心的表示も思考の命題表示として意味特性や統語形式を有しているからである (cf. Carston (2002: 8-9))。

　発話解釈は、最も呼び出し可能性の高い解釈の仮説を選ぶという一般的な手続きに従っていると考えられる（第1章5節を参照）。この仮説が予測するように、より呼び出し可能性の高い文脈想定とは、呼び出す際に処理労力のあまりかからない想定であると言える。文脈想定の呼び出し可能性とは、想定が（記憶から）呼び出され、あるいは（その時処理されている刺激の中の手がかりをもとに）構築される容易さあるいは困難さに依存しており、それは程度の問題でもある (cf. Carston and Uchida (1998: 295)、Carston (2002: 376))。コンテクストの呼び出し可能性と処理労力に関してSperber and Wilson (1986/1995: 142) は次のように指摘する。

(34)　…just as processing an item of information in a context involves some effort, so accessing a context involves some effort. The less accessible a context, the greater the effort involved in accessing it, and conversely.

---

[7]　Cornish (1996) が主張する先行詞誘発因子の働きも、意図明示的刺激としての行為の知覚から話し手の伝達意図が聞き手により表示される、と考えるメタ表示分析の方が強い認知的基盤をもっていると言える。

コンテクストの情報を処理するために何らかの労力が必要なように、コンテクストを呼び出すためにも労力が必要である。また、コンテクストが呼び出しにくいものであればあるほど、それを呼び出すためにかかる労力は大きいし、構築がより難しい文脈想定は呼び出しにくい想定であると言えよう。

　照応理解の際に聞き手が構築する文脈想定とは、低次表示の心的表示に他ならない。したがって、メタ表示された文脈想定の呼び出し可能性は、それが構築される容易さあるいは難しさにより決まると言える。さらに、そうしたメタ表示的想定の呼び出し可能性は、2つの想定の間の解釈的類似性の度合いと関係があるであろう。以下では、類似性の程度とメタ表示された想定の呼び出し可能性について例証したい。

　まずは、照応プロセスとメタ表示の関係が最も理解し易い例から始めよう。いわゆる統語的省略である動詞句削除や空所化などの言語的に制御された照応の理解は、低次表示である先行発話とそのメタ表示の間の形式の類似性に基づいている。次の例を見てみよう（太字は筆者）。

(35)　A:　Ivan is now going to peel an apple.
　　　B:　And, **Jorge, an orange**.　　　(Hankamer and Sag (1976: 410))

(2a)　"I'm angry. And miserable. Peter deserves better." "Shall I go away?" "Please **don't**." Isobel said, "I don't expect Peter minds as much as you do."　　　(BNC: CMJ)

(20a)　A:　The garbage needs to be taken out.
　　　 B:　Well, I **refuse to**.

(36)　Bootlegging was a long time ago when the people weren't **allowed to**.
　　　(BNC: FM7)

　2つの表示の間の形式の類似性には程度がある。(35)、(2a)では、先行発話の統語形式をそのまま用いて照応が成り立つために、低次表示としての先行発話とそのメタ表示の間の形式的類似性が極めて高いと言える（表示

103

間の類似性の程度は同一（identical）と言ってもよいかもしれない）。一方、(20a) の省略形 "refuse to" は先行発話の統語形式にも関わらず、その低次表示を発話行為として表示した想定（例えば、"Speaker A wants someone to take the garbage out"）に基づいて、語用論的に "refuse to take the garbage out" と再構築されて拡充される。(36) における動名詞 "bootlegging" と動詞 "bootleg" の場合も同様である。発話の言語形式にエコーした形の心的表示あれば、解釈的類似性はおのずと高いと言える。例えば、(20a) において、心的表示 "Speaker A wants someone to take the garbage out" は低次表示 "The garbage needs to be taken out" と同じ文脈含意を共有するはずである。

　語用論的推論は、内容の類似性に関わる文脈想定の構築に対してより重要な働きをする。(37)-(38) において、照応理解は、低次表象である先行発話とそのメタ表示の間の内容の類似性に基づいている（太字は筆者）。

(37) I disapproved of his grey suede shoes, his floppy bow tie and the excessive width of his trousers: he struck me as flaccid and petulant and I disliked him on sight. Later he asked, at second-hand, if he could accompany me into the Danakil country, where I planned to travel. **I refused**.　　　　　　　　　　　　　　　　　　　　　　　　(BNC: H0A)

(38) He's doing A level maths right.
There's three there!
Well there's four, five, six, seven, eight, nine, ten hydrogens right.
Brian.
No!
Daniel.
Do it on your own!
Daniel, alright Daniel can't add up to ten!　　　　　　　　(BNC: F7U)

(37) において、空補文照応である "I refused." の照応プロセスに関わる低次表示は先行発話であると考えられる。"I refused." の意味解釈において、

194

聞き手はその先行発話の内容に基づいて、メタ表示した自身の思考の中に話し手が refuse した対象を探すことになる。最も呼び出し易い拡充された形式は、"I refused his suggestion to accompany me into the Danakil country." のようなものであろう。(38)においても、*do it* 照応の指示対象は，低次表示としての先行発話と解釈的類似性をもつそのメタ表示された想定の中にあることがわかる。先行発話に言語的に生起せず、あるネイティブスピーカーの判断によれば、"work out the valences of elements"（元素の原子価を算定すること）などを補充することからも、照応解決に聞き手の心的表示が関わっていることがわかる。

低次表示としての先行発話とその心的表示の間の解釈的類似性が、推意を介して実現する複雑な例もある。(39)-(40)を見てみよう。

(39) Eventually I went along to meetings at Community House; then the gay discos. After a spell of social self-indulgence, I remembered CGAS and how it had helped me. **I volunteered** and was accepted as a trainee and continue to be involved. (BNC: BN1)

(40) Marcus: My accompanist left.
Will: Well, that's brilliant. Then you don't have to **do it**. (=(5))
(Screenplay *About A Boy* (2003))

(39)の空補文照応 "I volunteered" が指示する自発的な行為の確定のプロセスにおいて、それが拡充された形は "I volunteered to work for CGAS" のようなものだと考えられる。これは先行発話である "I remembered CGAS and how it had helped me" を推意前提として派生された推意結論であり、解釈的類似性は先行発話とその推意の間で見られる。(40)において、*do it* 照応の指示対象は先行談話には現れない。Will は機会があるごとに Marcus に校内コンサートで歌を歌うことをやめるように説得し、Marcus の伴奏者が辞めたことを知るや否や、これは好機と考えている。低次表示としての先行発話から *do it* の指示対象が確定する演繹的推論は(41)のように説明できる。

(41) a. Marcus' accompanist left.
b. If Marcus' accompanist leaves, it becomes difficult for him to sing.
c. If it is difficult to sing, Marcus will be discouraged from singing.
d. Marcus will be discouraged from singing.

Marcusの発話の表意(41a)と、推意前提(41b, c)とその組み合わせから派生される推意結論(41d)の間の解釈的類似性は、推意の派生の過程でしか確認することはできない。"do it"の指示対象は、"sing"であるが、それはMarcusの発話に対する聞き手のメタ表示的思考(推意結論(41d))の中にアクセスされると言える。低次表示であるMarcusの発話(41a)と心的表示(41d)は、論理的含意も文脈含意も共有してはいない。しかし、2つの表示の間に類似性を感じるのは、(41d)が、推論により(41a)から導かれた推意であるからである。この点において、低次表示(41a)とその心的表示(41d)は推意を介した解釈的類似性をもつと考えたい。

*do it*照応の指示対象の確定のための文脈想定の構築には、それ以前の例に比べて多くの語用論的推論を要する。文脈想定の構築の難しさは、(41a)と(41d)の2つの表示間の解釈的類似性の程度が低いからだと考えられる。関連性の原理から考えれば、*do it*照応の処理にかかる余分な労力を相殺するために、聞き手は付加的な認知効果が達成されることを期待するであろう。推意結論(41d)を派生する過程において、聞き手は一連の推意を導出することが可能である。(41c, d)以外に派生される弱い推意としては、「Marcusは他の伴奏者では彼の歌唱を生かすことができないほど、辞めていく伴奏者に依存していた」というようなものであろう。

■ 4. 動詞句照応に符号化された一般的制約

原発話者の発話や思考への直接的なアクセスによる照応が困難である以上、照応プロセスは低次表示と形式や内容が類似した心的表示に依存せざるをえない。そうした発話解釈への指図を考えると、照応表現が符号化す

る意味はまさに手続き的だと言える。したがって、動詞句照応が表意形成に課す一般的制約を(42)のように定義したい。

(42) 低次表示の心的メタ表示の中から、照応表現の語彙的特徴と一致する指示対象を探せ

聞き手が最初に注意を払うのは原発話者の発話や思考、あるいは知覚表示である。次に、意図された指示対象を確定するために、聞き手はその低次表示に多少なりとも類似したメタ表示的想定を呼び出すことになる。

これまでの議論をまとめたものが図1である。

図1 低次表示に対するメタ表示の類似性の程度と動詞句照応の手続き
　　[註：実線の円は低次表示、破線の円はそのメタ表示を表す]

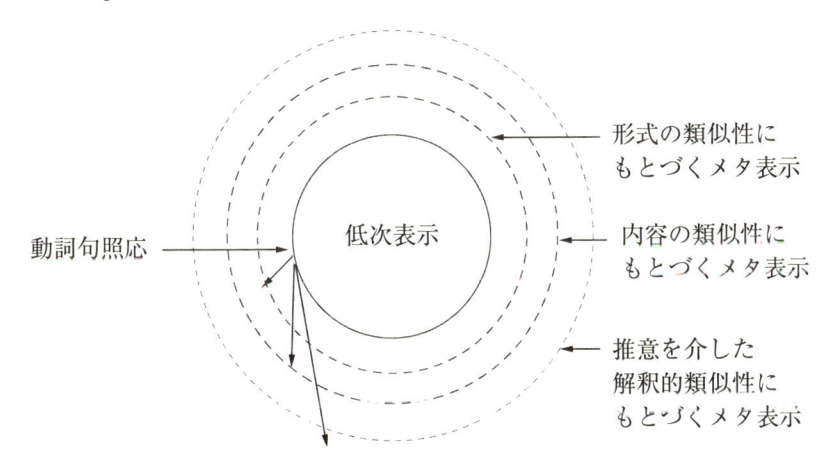

（図：中央に「低次表示」の実線の円があり、その外側に3つの破線の円が描かれている。左側から「動詞句照応」の矢印が低次表示に向かっている。外側の破線の円には、外から「形式の類似性にもとづくメタ表示」「内容の類似性にもとづくメタ表示」「推意を介した解釈的類似性にもとづくメタ表示」のラベルが付けられている。）

図1は、動詞句照応に符号化された手続きが、2つの表示の間のさまざまな類似性の度合いにおいていかに働くかを示したものである。3つの外側の円の大きさは、低次表示（一番内側の円）と指示対象を確定するための文脈想定としてのメタ表示的思考（その外側の円）の間の類似性の程度を表している。直径が大きくなるほど2つの想定の間の類似性が低く、非明示

的になることを示している。

　さらにこの図は、低次表示と類似性が高いメタ表示的想定から呼び出されるという意味において、解釈の仮説を反映している。この仮説が予測するように、呼び出し可能性の高い文脈想定とは、呼び出す際に労力があまりかからない想定である。それゆえ、メタ表示を表す円の大きさは、照応表現の指示対象の確定に用いられる文脈想定を呼び出す際に必要な労力の大きさを示している。想定間の類似性が非明示的であればあるほど、文脈想定を呼び出す際の労力も増え、呼び出し可能性が低下すると言える。したがって、照応形自体が指示対象の確定の難しさを決めるわけではないことがわかる。例えば、同じ *do it* 照応が用いられた次の3つの例を見てみよう（太字は筆者）。

(43)　Mum had said that when I sang … it brought sunshine and happiness into her life. So I'd **do it** even if it meant mine was over.

(Screenplay *About A Boy* (2003))

(38)　Well there's four, five, six, seven, eight, nine, ten hydrogens right.
Brian.
No!
Daniel.
Do it on your own!
Daniel, alright Daniel can't add up to ten!

(44)　［拒絶する Terence Mann に対して、Ray は面会を果たそうと最終的に脅迫的手段に訴え、ポケットに手を入れて銃を所持しているふりをして近づきながら］
I was hoping I wasn't going to have to **do it** this way.

(Screenplay *Field of Dreams* (1994))

意図された指示対象の確定のためにまずアクセスされる低次表示は、(43)と(38)では先行発話、(44)ではポケットに手を入れて近づくという意図明

示的行為である。さらにその心的メタ表示へのアクセスを引き起こすのは、(43) では言語形式の類似性、(38) では内容の類似性、(44) では意図明示的行為から導出される推意を介しての類似性である。(43) と (44) において、その心的表示の中にアクセスされる意図された指示対象は、それぞれ"sing"、"menace/terrify you (Terence Mann)"のようなものであろう。

　聞き手が始めにアクセスするよう期待されていることは、注意に値するだけ十分に関連性がある会話参与者の公的表示や心的表示、あるいは知覚表示である。次に、意図された指示対象を確定するために、聞き手はそれらの低次表示と多少なりとも類似したメタ表示的思考にアクセスすることになる。言語形式や内容の類似性に頼る認知プロセスは、それにより期待された関連性の程度を達成するであろう。言語コンテクスト、非言語コンテクストを問わない照応の仕組みを考慮した場合、照応表現を先行発話や物理的な事物や事態の中の指示対象に直接的に関係づけるのではなく、指示対象の心的表示との間に成立させるやり方は、一見すると回りくどいプロセスのようにも見えるが、最適な関連性の見込みに合致したやり方であると言えよう。

■ 5. 照応表現と直示表現の手続き

　Hankamer and Sag (1976) において、深層照応を"pragmatically-controlled (or deictic) anaphora"と呼んでいるのは、その解釈のプロセスにおいて、発話の場面に存在する事物や事態を直接に指示するためである。この点において、外界照応として用いられる深層照応は、ダイクシスとしての直示的な現場指示用法と混同されていると言える。Tasmowski-de Rick and Verluyten (1981, 1982, 1985) や Cornish (1996, 1999) の主張は、深層照応の直示性に対して異を唱え、照応形と発話の場面に存在する事物や事態の両者を繋ぐものとして、不在言語的先行詞や聞き手の心的表示を想定することにあった。

　本章では、照応形と心的表示の関わりを拡張する形でメタ表示の観点から照応プロセスを考察してきたが、照応表現と直示表現の 2 つの言語表現は、それぞれの認知ステータス (cognitive status) を顕著にするものである。

Prince (1981) の Given-New 尺度や Gundel, Hedberg and Zacharski (1993) の既知性の階層から推察しても、直示表現のひとつである指示代名詞の指示対象がコミュニケーションの進行過程で活性化される (activated) のに対して、照応表現としての it の指示対象は談話の中心としての焦点 (in focus) として確立しており、言及ずみとしてすでに活性化もされている。つまり、照応表現の指示対象は、言語的先行詞がなくても、話し手の心的表示の中ではすでに焦点となっていると考えられる。

こうした認知ステータスの違いは、聞き手の注意の焦点を極めて異なる方法で操作していることを意味する。Ehlich (1982: 325-331) は、直示表現と照応表現の手続きの違いを (45)-(46) のように区別している。

(45) The deictic procedure is a linguistic instrument for achieving focusing of the hearer's attention towards a specific item which is part of the respective deictic space. The deictic procedure is performed by means of deictic expressions.

(46) The anaphoric procedure is a linguistic instrument for having the hearer continue (sustain) a previously established focus towards a specific item on which he had oriented his attention earlier. The anaphoric procedure is performed by means of anaphoric expressions.

直示表現は、聞き手の注意を直示領域の一部である特定の項目へ向けることを達成する言語的手段であるのに対して、照応表現は、話し手がすでに注意を向けた特定の項目に対する焦点を維持させるための言語的手段である。Cornish (1996: 22) も一致して指摘するように、直示表現は、聞き手の注意の焦点を談話において既存のものからコンテクストにより派生された特定のものへと変化させる働きがある。それに対して、照応表現は, 注意の焦点を聞き手の頭の中にすでに確立されたまま保つように指図している。また、指示対象の認知のステータスについて、手続き的情報という観

点から考えてみると、(47) のように、it は指示対象の心的表示を注意の焦点にアクセスするのに対して、指示代名詞はそれを作動記憶内にアクセスすると考えられる (cf. Gundel, Hedberg and Zacharski (2012: 1))。

(47)　it: associate representation in focus of attention　　　　(in focus)
　　　this/that/this N: associate representation in working memory
　　　　　　　　　　　　　　　　　　　　　　　　　　　　(activated)

以上の点から、これまで見てきた *do it* 照応と (48)、(49) のように現場指示的に用いられる直示的用法の "do that" では異なる手続きを符号化していることがわかるであろう (太字は筆者)。

(48)　［不機嫌な Ray は、娘 Karin が見ていたテレビ映画のチャンネルをいきなり消す］
　　　Karin:　Why'd you **do that**? It was funny.
　　　Ray:　　Trust me, Karin. It is not funny.
　　　　　　　　　　　　　　　　　(Screenplay *Field of Dreams* (1994))
(49)　［Terence Mann は突然やってきた Ray にバールを振りかざす］
　　　Ray: Wait! You can't **do that**! (Screenplay *Field of Dreams* (1994))

that は発話の場（直示領域）の一部としての行為を切り取り、その行為自体に聞き手の注意を向けさせているのであり、聞き手の心的表示の中に指示対象を求めている訳ではない。したがって、that が指示する行為は互いにとって顕在的でなくてはならないか、it の場合は (44) からもわかるように、聞き手にとって顕在的でなくてもよい。

こうした this や that に符号化された手続きは、(50)、(51) のような談話ダイクシス (discourse deixis, text deixis) の場合でも同様であろう (太字は筆者)。

(50)　Will:　I told you, she just got the wrong end of the stick.

> Marcus: So just tell her she got the wrong end of the stick.
> Will: No, I can't **do that**. (Screenplay *About A Boy* (2003))

(51) Begin from a fighting stance, perhaps by throwing a light snap punch into the opponent's face from the front hand. You **do this** for two reasons. (BNC: A0M)

(50)では、短期的に記憶された直前の発話の中で議論されている「誤解しているということを彼女本人に伝えるという行為」、(51)では先行談話の一部である空手の技に、聞き手の注意を新たに向けるよう指図している。

■ 6. おわりに

　言語的制御／語用論的制御という二分法に基づく従来の照応プロセスの説明に対して、どのような照応も双方の制御を受けていると考えられる。本章では、メタ表示の視点から動詞句照応の手続き的意味の定義を試みた。手続き的表現は、意図された意味をチェックする際の仮説の範囲に制限を与えることにより、聞き手の側の処理労力を減らす。照応表現は、メタ言語的類似性あるいは解釈的類似性に基づいて、聞き手を効率的な方法で意図された指示対象へ向かわせるための言語表現である。

　しかし、一方でメタ表示的想定の呼び出し可能性とそれに要する労力は、照応形の用いられ方により異なるというのも事実であろう。この問題に対して、文脈想定の呼び出し可能性と照応に関わる処理労力の違いは、低次表示とメタ表示の間の類似性の程度に起因するものであると考える。照応プロセスの説明に関して、メタ言語的類似性および解釈的類似性の視点は過小評価されてはならないであろう。照応という言語現象が、言語的コンテクスト・非言語的コンテクストに関わらず生じる以上、それは思考という問題と無関係ではない。その点においても、メタ表示分析は意義があると思われる。

まとめにかえて

　本書では、発話解釈の仕組みの記述およびその解明へ与えた関連性理論の語用論的貢献について、7章による議論を行なった。

　第1章では、発話の意味解釈に関わる関連性理論の枠組みや重要な概念を取り上げ、それ以降の章での議論の際に相互参照する形にまとめた。第2章と第3章では、GriceやLevinsonの会話の含意および会話の格率、発話行為論、ポライトネスの原理といった語用論の基本的なテーマに関して、関連性理論からのアプローチを示した。第2章では、Griceあるいは新Grice派と呼ばれるLevinsonの会話の含意理論の中の含意の定義の不備を指摘し、関連性理論の明示的・暗示的意味の区別により、言語表現に符号化された意味が語用論的推論に基づき意図された意味へとどのように拡充されるかを概観した。Levinsonが提案するQ/M/I含意はすべて発話の表意として意味解釈の枠組みに組み込むことができるであろう。Griceの4つの格率、あるいはLevinsonの3つの原理に対して、関連性のある解釈を目指すという認知の方向性は、雑多に見える会話の含意や原理をすべて認知原理のもとでまとめあげることができるであろう。第3章では、発話行為の意味解釈を関連性理論の枠組みにより説明した。伝統的な発話行為論は、発語内行為の確定および分類に焦点が当てられている。一方、Bach and Harnish (1979) の発話行為スキーマは、推論ストラテジーの視点から発話行為の意味解釈を試みる。しかしながら、どちらも発語内行為の確定の仕組みがうまく説明されているとは言えない。非慣習的な発話行為が遂行する発語内行為の解釈は、最適な関連性の見込みに合致したものであり、社会的規約そのものも解釈に用いられる社会的想定として、認知の枠組みから捉え直すことができる。これは、ポライトネスと発話解釈の関わりにおいても同様である。

第4章から第7章は、日英語の具体的な言語表現を取り上げ、関連性理論に基づいた事例研究を提示している。第4章は英語の談話連結語 after all の多様な用法について、これまで談話的分析や関連性理論では説明されてこなかった譲歩的用法と正当化用法がもつ共通の認知的基盤を探り、それらの解釈に関わる新たなスキーマを提案することで一義的説明を展開した。譲歩的用法は、期待の否定といった概念が符号化されているという視点での分析が行われ、正当化用法とは異なる意味が符号化されていると考えられてきた。本書では、譲歩的用法の after all もそれを含む発話の真理条件には貢献しないことと、その使用に対して真偽を問うことができないことから、概念の符号化という見方を却下し、正当化用法と同様に発話解釈への手続きを符号化した言語表現であるという仮説を立てた。after all の2つの用法は、先行想定、結論、根拠という3つの想定に基づく推論スキーマにより、一義的に説明することが可能になる。第5章では、日本語の接続表現「だって」の意味について、関連性理論の枠組みで議論した。これまで「だって」は自己正当化のための言語的道具としてしか取り扱われてこなかった。しかし、自己正当化のみならず、相手の意見への同意や、話し手の情意を表す「だって」一語文などのデータを考慮すると、問題は複雑で面白い。結論として、「だって」の意味は、話し手と聞き手の想定を一致させる手続きに集約できると考えられる。第6章では、文法化の枠組みにおける関連性理論の視点について議論した。関連性理論における概念的意味と手続き的意味の区別は、語彙や言語表現の意味変化についても説明が可能であろう。ひとつの言語表現が概念的符号化から手続き的符号化へと変化する場合、Nicolle (1998a) が提案する「意味保持」という仕組みが守られており、手続き的意味を符号化した後も、概念的意味がその言語表現の含みに保持されている。この視点から、after all の例を取り上げ、「あらゆることが考慮された後で」という概念的意味がもつ「結論の容認、受容」という含みが、after all の多様な用法においても保持されている点は、一義的説明が妥当であることを示唆していると言えよう。最後に、第7章では、照応表現について、従来の統語的制御／語用論的制御の区別を廃し、どのような

照応も一つの認知的制御を受けると議論した。さらに、照応のプロセスをメタ表示という視点から捉え直すことで、動詞句照応の指示対象は、意図明示的刺激としての低次表示をメタ表示した想定の中から確定されると結論づけた。また、動詞句照応のタイプにより、照応理解に関わる処理コストが異なるのは、それが低次表示としての想定とメタ表示された想定の間の解釈的類似性の程度によるものであると考えた。照応のメタ表示分析は、直示表現が解釈に与える手続きとの相違も首尾よく説明することが可能であろう。

関連性理論は、言語理論というよりも、言語の分析を含んだ認知語用理論である。談話連結語や接続表現を含んだ発話の解釈、照応表現の理解のプロセスの説明において、言語的に非明示的な命題(概念表示あるいは想定)についても分析の対象とすることができるために、談話的な説明に比べて説明範囲が広いと言える。いわば従来は別々の枠組みで説明されてきた、言語的・非言語的コンテクストでの発話解釈の仕組みを、心的表示を用いた語用論的推論とその語用論的推論を制限する関連性の原理により、統一的に説明することが可能になる。

発話の意味解釈という問題は大変奥が深い。関連性理論を学ぶにつれて、発話から積極的に意味を見いだす解釈行為の重要性についても考えるようになった。発話に意味を託すのはわれわれ人間であるがゆえに、語用論研究は思考の理解と関連する領域であることは間違いない。これまで、発話の意味はつまみ食いのように説明が行われて、意味解釈はどこから始まりどこで終わるのかという問題は、体系的に議論されてこなかった。文の不完全な論理形式から明示的な意味(表意)を構築し、(それと相互作用する形で)さらに語用論的推論により暗示的な意味(推意)を構築する。関連性理論が掲げる発話解釈の語用論は、その問題に認知的に健全な形で答えを与えていると思う。理論的な進展とその応用について、これからも探って行きたい。

参考文献

Ariel, Mira (1994) "Interpreting Anaphoric Expressions: A Cognitive versus A Pragmatic Approach," *Journal of Linguistics* 30, 3-42.

Atlas, Jay David and Stephen C. Levinson (1981) "It-Clefts, Informativeness, and Logical Form: Radical Pragmatics (Revised Standard Version)," *Radical Pragmatics*, ed. by Peter Cole, 1-61, Academic Press, New York.

Austin, John L. (1962) *How to Do Things with Words*, Harvard University Press, Cambridge.

Bach, Kent and Robert M. Harnish (1979) *Linguistic Communication and Speech Acts*, MIT Press, Cambridge.

Blakemore, Diane (1987) *Semantic Constraints on Relevance*, Blackwell, Oxford.

Blakemore, Diane (1988) " 'So' as a Constraint on Relevance," *Mental Representations: The Interface between Language and Reality*, ed. by Ruth. M. Kempson, 183-195, Cambridge University Press, Cambridge.

Blakemore, Diane (1989) "Denial and Contrast: a Relevance Theoretic Analysis of *But*, *Linguistics and Philosophy* 12, 15-37.

Blakemore, Diane (1992) *Understanding Utterances*, Blackwell, Oxford.

Blakemore, Diane (1996) "Are Apposition Markers Discourse Markers?" *Journal of Linguistics* 32, 325-347.

Blakemore, Diane (2000) "Indicators and Procedures: *Nevertheless* and *But*," *Journal of Linguistics* 36, 463-486.

Blakemore, Diane (2002) *Relevance and Linguistic Meaning: The Semantics and Pragmatics of Discourse Markers*, Cambridge University Press, Cambridge.

Blakemore, Diane (2003) "Re-visiting Procedural Meaning: 'But', 'However' & 'Nevertheless,' " Paper delivered at Georgetown University Round Table on Languages and Linguistics (*GURT* 2003).

Blakemore, Diane (2004) "Discourse Markers," *The Handbook of Pragmatics*, ed. by Laurence. R. Horn and George Ward, 221-240, Oxford Univeristy Press, Oxford.

Blass, Regina (1990) *Relevance Relations in Discourse: A Study with Special Reference to Sissala*, Cambridge University Press, Cambridge.

Bosh, Peter (1988) "Representing and Accessing Focussed Referents," *Language and Cognitive Processes* 3 (3), 207-231.

Brinton, Laurel J. (1996) *Pragmatic Markers in English: Grammaticalization and Discourse*

Functions, Mouton de Gruyter, Berlin.

Brown, Penelope and Stephen C. Levinson (1987) *Politeness: Some Universals in Language Usage*, Cambridge University Press, Cambridge.

Bybee, Joan (2002) "Cognitive Processes in Grammaticalization," *The New Psychology of Language Vol. II*, ed. by Michael Tomasello, 145-168, Laurence Erlbaum Associates, New Jersey.

Carston, Robyn (1993) "Conjunction, Explanation and Relevance," *Lingua* 90, 27-48.

Carston, Robyn (1995) "Quantity Maxims and Generalised Implicature," *Lingua* 96, 213-244.

Carston, Robyn (1996) "Enrichment and Loosening: Complementary Processes in Deriving the Proposition Expressed," *UCL Working Papers in Linguistics* 8, 61-88.

Carston, Robyn (1998) "The Semantics/Pragmatics Distinction: A View from Relevance Theory," *UCL Working Papers in Linguistics* 10, 53-80.

Carston, Robyn (2000) "Explicature and Semantics," *UCL Working Papers in Linguistics* 12, 1-44.

Carston, Robyn (2002) *Thoughts and Utterances: the Pragmatics of Explicit Communication*, Blackwell, Oxford.（内田聖二・西山佑司・武内道子・山崎英一・松井智子（訳）(2008)『思考と発話―明示的伝達の語用論』研究社，東京）

Carston, Robyn (2004) "A Review of Stephen Levinson, *Presumptive Meanings: The Theory of Generalized Conversational Implicature*," *Journal of Linguistics* 40 (1), 181-186.

Carston, Robyn and Seiji Uchida (1998) *Relevance Theory: Applications and Implications*, John Benjamins, Amsterdam.

Chafe, Wallace L. (1976) "Givenness, Contrastiveness, Definiteness, Subjects, Topics, and Point of View," *Subject and Topic*, ed. by Charles N. Li, 25-56, Academic Press, New York.

Clark, Billy (1993) "*Let* and *Let's*: Procedural Encoding and Explicature," *Lingua* 90, 173-200.

Clark, Herbert H. and Eve V. Clark (1977) *Psychology and Language: An Introduction to Psycholinguistics*, Harcourt Brace Jovanovich, New York.

Cornish, Francis (1986) *Anaphoric Relations in English and French: A Discourse Perspective*, Croom Helm, London.

Cornish, Francis (1987) "Anaphoric Pronouns: Under Linguistic Control of Signalling Particular Discourse Representations?" *Journal of Semantics* 7, 233-260.

Cornish, Francis (1992) "*So Be It*: The Discourse-Semantic Roles of *So* and *It*," *Journal of Semantics* 9, 163-178.

Cornish, Francis (1996) " 'Antecedentless' Anaphors: Deixis, Anaphora, or What? Some Evidence from English and French," *Journal of Linguistics* 32, 19-41.

Cornish, Francis (1999) *Anaphora, Discourse, and Understanding: Evidence from English and French*, Clarendon Press, Oxford.

Curcó, Carmen (2004) "Procedural Constraints on Context Selection," *Current Trends in the Pragmatics of Spanish*, ed. by Rosina Márquez Reier and María Elena Placencia, 179-201,

John Benjamins, Amsterdam.

Davis, Wayne A. (1998) *Implicature: Intention, Convention, and Principle in the Failure of Gricean Theory*, Cambridge University Press, Cambridge.

Declerck, Renaat (1991) *A Comprehensive Descriptive Grammar of English*, Kaitakusha, Tokyo.

Dominicy, Marc and Nathalie Franken (2002) "Speech Acts and Relevance Theory," *Essays in Speech Act Theory*, ed. by Daniel Vanderveken and Susumu Kubo, 263-283, John Benjamins, Amsterdam.

Ehlich, Konrad (1982) "Anaphora and Deixis: Same, Similar, or Different?" *Speech, Place, and Action: Studies in Deixis and Related Topics*, ed. by Robert. J. Jarvella and Wolfgang Klein, 315-338, John Wiley & Sons, New York.

Fodor, Jerry A. (1983) *The Modularity of Mind*, MIT Press, Cambridge.

Fraser, Bruce (1990) "An Approach to Discourse Markers," *Journal of Pragmatics* 14, 283-395.

Fraser, Bruce (1996) "Pragmatic Markers," *Pragmatics* 6, 167-190.

Fraser, Bruce (1999) "What are Pragmatic Markers?" *Journal of Pragmatics* 31, 931-952.

Fretheim, Thorstein (2001) "In Defence of Monosemy," *Pragmatics and the Flexibility of Word Meaning*, ed. by Enikő Németh T. and Károly Bibok, 79-115, Elsevier, Oxford.

Garnham, Alan (2001) *Mental Models and the Interpretation of Anaphora*, Psychology Press, Philadelphia.

Geis, Michael L. (1988) *The Language of Conversation*, Eichosha, Tokyo.

Geis, Michael L. (1995) *Speech Acts and Conversational Interaction*, Cambridge University Press, Cambridge.

Giora, Rachel (1997) "Discourse Coherence and Theory of Relevance: Stumbling Blocks in Search of a Unified Theory," *Journal of Pragmatics* 27, 17-34.

Givón, Talmy (1978) "Negation in Language," *Syntax and Semantics 9: Pragmatics*, ed. by Peter Cole, 69-112, Academic Press, New York.

Grice, H. Paul (1975) "Logic and Conversation," *Syntax and Semantics 3: Speech Acts*, ed. by Peter Cole and Jerry L. Morgan, 41-58, Academic Press, New York.

Grice, H. Paul (1989) *Studies in the Way of Words*, Harvard University Press, Cambridge. (清塚邦彦（訳）(1998)『論理と会話』, 勁草書房, 東京)

Grundy, Peter (1995) *Doing Pragmatics*, Edward Arnold, London.

Gundel, Jeanette K., Nancy Hedberg and Ron Zacharski (1993) "Cognitive Status and the Form of Referring Expressions in Discourse," *Language* 69 (2), 274-307.

Gundel, Jeanette K., Nancy Hedberg and Ron Zacharski (2012) "Underpecification of Cognitive Status in Reference Production: Some Empirical Predictions," *Topics in Cognitive Science* 4 (2), 249-268.

Hall, Alison (2007) "Do Discourse Connectives Encode Concepts or Procedures?" *Lingua* 117, 149-174.

Halliday, M. A. K. (1967) "Notes on Transitivity and Theme in English. Part 2", *Journal of Linguistics* 3, 199-244.

Halliday, M. A. K. and Ruqaiya Hasan (1976) *Cohesion in English*, Longman, London.

Hankamer, Jorge and Ivan A. Sag (1976) "Deep and Surface Anaphora," *Linguistic Inquiry* 7 (3), 391-426.

Hansen, Maj-Britt Mosegaard (1998) "The Semantic Status of Discourse Makers," *Lingua* 104, 235-260.

蓮沼昭子 (1995)「談話接続語「だって」について」『姫路獨協大学外国語学部紀要』第4号, 265-281.

Hedley, Paul (2005a) "Pronouns, Procedures and Relevance Theory," *Durtham Working Papers in Linguistics* 11, 41-55.

Hedley, Paul (2005b) *Anaphora, Relevance, and the Conceptual/Procedural Distinction*, University of Oxford, PhD Thesis.

Higashimori, Isao (1992) "BUT/YET/STILL and Relevance Theory,"『成田義光教授還暦祝賀論文集』英宝社, 東京.

東森勲 (2000)「シェークスピアの作品における談話のつなぎ語の意味と文法化」『神戸女学院大学論集』第47号, 66-89.

Higashimori, Isao (2003a) "Grammaticalization of Discourse Connectives: From Conceptual to Procedural Meaning." *The Ryukoku Ronshu* (The Journal of Ryukoku University) 461, 21-45.

Higashimori, Isao (2003b) "Relevance-Theoretic Objections to Levinson's GCI Theory," *English Linguistics* 20 (1), 225-251.

東森勲 (2003)「シンポジウム:「語用論からの提言」に対する認知と関連性理論からのコメント」『語用論研究』第5号, 125-135.

Higashimori, Isao and Deirdre Wilson (1996) "Questions on Relevance," *UCL Working Papers in Linguistics* 8, 111-124.

東森勲・吉村あき子 (2003)『関連性理論の新展開:認知とコミュニケーション』研究社, 東京.

平井昭徳 (1997)「日英語の名詞的トートロジーに関する一考察」『島根大学法文学部紀要 言語文科学科編』第3号, 15-41.

平井昭徳 (2005)「名詞的トートロジーの構造」(遺稿)『ことばの標』, 大津隆広・西岡宣明・松瀬憲司 (編), 1-24, 九州大学出版会, 福岡.

Hopper, Paul J. and Elizabeth Closs Traugott (1993) *Grammaticalization*, Cambridge University Press, Cambridge.(日野資成(訳)(2003)『文法化』九州大学出版会, 福岡.)

Horn, Laurence R. (1985) "Toward a New Taxonomy for Pragmatic Inference: Q-based and R-based Implicature," *Meaning, Form and Use in Context: Linguistic Applications*, ed. by Deborah Schiffrin, 11-42, Georgetown University Press, Washington, DC.

飯野勝己 (2007)『言語行為と発話解釈—コミュニケーションの哲学に向けて』勁草書房,

東京.

Ifantidou, Elly (2001) *Evidentials and Relevance*, John Benjamins, Amsterdam.

Ifantidou-Trouki, Elly (1993) "Sentential Adverbs and Relevance," *Lingua* 90, 60-90.

今井邦彦 (1995)「関連性理論の中心概念」『言語』第 24 巻 4 号, 20-29.

今井邦彦 (2000)「関連性理論とはどういう理論か」『英語青年』第 146 巻 7 号, 418-422.

今井邦彦 (2001)『語用論への招待』大修館書店, 東京.

今井邦彦 (編) (2009)『最新語用論入門 12 章』大修館書店, 東京.

Jucker, Andreas H. (1993) "The Discourse Marker *Well*: A Relevance-theoretic Account," *Journal of Pragmatics* 19, 435-452.

Katalin, Nagy C. (2009) "Pragmatic and Cognitive Aspects of the Research into Grammaticalization," *Argumentum* 5, 110-127.

Katz, Jerrold J. (1966) *The Philosophy of Language*, Harper & Row, New York.

Kess, Joseph F.・西光義弘 (1989) *Linguistic Ambiguity in Natural Language: English and Japanese*, くろしお出版, 東京.

金水敏・今仁生美 (2000)『意味と文脈』岩波書店, 東京.

児玉徳美 (2003)「シンポジウム：GCI をめぐって―新 Grice 学派と関連性理論の比較」『語用論研究』第 5 号, 95-110.

Kubo, Susumu (1999) "On an Illocutionary Connective *Datte*," *The Semantics/Pragmatics Interface from Different Points of View*, ed. by Ken Turner, 293-315, Elsevier, Oxford.

Leech, Geoffrey N. (1983) *Principles of Pragmatics*, Longman, London.

Levinson, Stephen C. (1983) *Pragmatics*, Cambridge University Press, Cambridge.

Levinson, Stephen C. (1987) "Minimization and Conversational Inference," *The Pragmatic Perspective*, ed. by Jef Verschueren and Marcella Bertuccelli-Papi, 61-129, John Benjamins, Amsterdam.

Levinson, Stephen C. (1989) "A Review of Relevance," *Journal of Linguisitics* 25, 455-472.

Levinson, Stephen C. (1995) "Three Levels of Meaning," *Grammar and Meaning: Essays in Honour of Sir John Lyons*, ed. by F. R. Palmer, 90-115, Cambridge University Press, Cambridge.

Levinson, Stephen C. (2000) *Presumptive Meanings: The Theory of Generalized Conversational Implicature*, MIT Press, Cambridge.(田中廣明・五十嵐海埋 (訳) (2007)『意味の推定―新グライス学派の語用論』研究社, 東京.)

Lewis, Diana M. (2007) "From Temporal to Contrastive and Causal: the Emergence of Connective *After All*," *Connectives as Discourse Landmarks*, ed. by Agnès Celle and Ruth Huart, 89-99, John Benjamins, Amsterdam.

Matsui, Tomoko (2000) *Bridging and Relevance*, John Benjamins, Amsterdam.

Matsui, Tomoko (2002) "Semantics and Pragmatics of a Japanese Discoure Marker *dakara* (so/in other words): a Unitary Account," *Journal of Pragmatics* 34, 867-891.

松井智子 (2003)「関連性理論：認知語用論の射程」『人工知能学会論文誌』第 18 巻 5 号,

1-10.

松岡和美・ノッター，デビッド (2004)「根拠と結果を示す接続用法の日英比較：after all は「結局」か？」『慶応大学日吉紀要』第 44 号，95-112.

Merchant, Jason (2004) "Fragments and Ellipsis," *Linguistics and Philosophy* 27, 661-738.

Mey, Jacob L. (1993) *Pragmatics: an Introduction*, Blackwell, Cambridge.

メイナード，泉子 K. (1993)『会話分析』くろしお出版，東京．

メイナード，泉子 K. (2000)『情意の言語学—「場交渉論」と日本語表現のパトス』くろしお出版，東京．

毛利可信 (1980)『英語の語用論』大修館書店，東京．

森田良行 (1980)『基礎日本語 2』角川書店，東京．

Murphy, Gregory L. (1985) "Psychological Explanations of Deep and Surface Anaphora," *Journal of Pragmatics* 9, 785-813.

西山佑司 (1992)「発話解釈と認知：関連性理論について」『認知科学ハンドブック』，安西祐一郎 (編)，466-476, 共立出版，東京．

西山佑司 (1995)「言外の意味を捉える」『言語』第 24 巻 4 号，30-39.

西山佑司 (2003a)『日本語名詞句の意味論と語用論』ひつじ書房，東京．

西山佑司 (2003b)「文の意味、真理条件、認知」第 75 回日本英文学会シンポジウム「意味論の行方」ハンドアウト．

Nicolle, Steve (1997) "A Relevance-theoretic Account of *be going to*," *Journal of Linguistics* 33, 355-377.

Nicolle, Steve (1998a) "A Relevance Theory Perspective on Grammaticalization," *Cognitive Linguistics* 9 (1), 1-35.

Nicolle, Steve (1998b) "*Be Going to and Will*: A Monosemous Account," *English Language and Linguistics* 2 (2), 223-244.

Noh, Eun-Ju (2000) *Metarepresentation: A Relevance-Theory Approach*, John Benjamins, Amsterdam.

大江三郎 (1975)『日英語の比較研究』南雲堂，東京．

Otsu, Takahiro (1996) "Surface Anaphora/Deep Anaphora and Conversational Inference in English,"『言語文化論究』第 7 号，97-111.

大津隆広 (1997)「Q/I-implicature と関連性」『言語科学』第 32 号，133-144.

大津隆広 (1999)「日本人学習者の述部類照応の理解に関するコンピュータを用いた一考察」『言語科学』第 34 号，1-14.

大津隆広 (2001)「照応と関連性」『言語文化論究』第 14 号，113-125.

Otsu, Takahiro (2003) "Surface/Deep Anaphora and Contextual Assumptions,"『言語科学』第 38 号，105-116.

Otsu, Takahiro (2003) "A Unified Account of the English Discourse Connective 'After All' ",『言語学からの眺望 2003』，173-187, 九州大学出版会，福岡．

大津隆広 (2004)『発話と意味解釈』，九州大学大学院言語文化研究院．
大津隆広 (2005)「会話の含意をめぐって―グライス、レビンソンと関連性理論」『ことばの標』，大津隆広・西岡宣明・松瀬憲司（編），30-53，九州大学出版会，福岡．
大津隆広 (2005)「関連性理論から見た発話行為論」『言語科学』第 40 号，19-34．
大津隆広 (2006)「英語の談話連結詞 after all の手続き的意味と多義性について」, *JELS* 23（日本英語学会），210-219．
大津隆広 (2006)「英語の談話連結詞 after all の用法の優位性―*Delegates to Congress* と BNC を比較して」,『英語英文学論叢（田島松二教授退官記念号）』第 56 集，23-34．
Otsu, Takahiro (2007) "A Cognitive Account of Anaphoric Expressions in English," *Current Trends in Pragmatics*, ed. by Piotr Cap and Joanna Nijakowska, 74-92, Cambridge Scholars Publishing, Cambridge.
大津隆広 (2008)「「だって」の意味―「埋める」という接続関係」『言語科学』第 43 号，77-86，九州大学言語文化研究院言語研究会．
Otsu, Takahiro (2010) "Procedural Information of Anaphoric Expressions: Pronouns, Ellipses and Metarepresentations," *Studies in Languages and Cultures* 25, 113-129.
Otsu, Takahiro (2011) "Anaphora and Metarepresentation: Accessibility of Contextual Assumptions," *Studies in Languages and Cultures* 26, 145-143.
Otsu, Takahiro (2012) "Relevance-theoretic Account of Anaphoric Processes: the Application of Metarepresentation and its Implications," *The Said and the Unsaid: Papers on Language, Literature and Cultural Studies*, ed. by Armela Panajoti, 182-194, Department of Foreign Languages, University of Vlora "Ismail Qemali", Vlorë, Albania.
大津隆広 (2012)「照応とメタ表示―動詞句照応が符号化する手続き―」『ことばを見つめて―内田聖二先生退官記念論文集』，37-47，英宝社，東京．
大津隆広 (2013)「言語表現が符号化する手続き―手続き的分析の利点―」,『言語文化論究』第 30 号，1-11，九州大学言語文化研究会．
大津隆広 (2013)「「だって」の語用論―正当化、同意、情意のコンテクスト―」『日本語学』第 32 巻 6 号，明治書院（印刷中）．
沖裕子 (1996)「対話型接続詞における省略の機構と逆接―「だって」と「なぜなら」「でも」―」中条修（編）『論集　言葉と教育』97-111，和泉書院，大阪．
沖裕子 (2006)『日本語談話論』和泉書院，大阪．
小野寺典子 (2011)「談話標識（ディスコースマーカー）の歴史的発達」『歴史語用論入門―過去のコミュニケーションを復元する』（高田博行，椎名美智，小野寺典子編（著），74-90，大修館書店，東京．
Prince, Ellen F. (1981) "Toward a Taxonomy of Given-New Information," *Radical Pragmatics*, ed. by Peter Cole, 223-255, Academic Press, New York.
Quirk, Randolph, Sidney Greenbaum, Geoffrey Leech, and Jan Svartvik (1972) *A Grammar of Contemporary English*, Longman, London.

Recanati, Francois (1987) *Meaning and Force: The Pragmatics of Performative Utterances*, Cambridge University Press, Cambridge.

Recanati, Francois (1993) *Direct Reference: From Language to Thought*, Blackwell, Oxford.

Rouchota, Villy (1998a) "Connectives, Coherence and Relevance," *Current Issues in Relevance Theory*, ed. by Villy Rouchota and Andreas H. Jucker, 11-57, John Benjamins, Amsterdam.

Rouchota, Villy (1998b) "Procedural Meaning and Parenthetical Discourse Markers," *Discourse Markers: Descriptions and Theory*, ed. by Andreas H. Jucker and Yael Ziv, 97-126, John Benjamins, Amsterdam.

Sag, Ivan. A. and Jorge Hankamer (1984) "Toward a Theory of Anaphoric Processing," *Linguistics and Philosophy* 7, 325-345.

Schachter, Paul (1977) "Does She or Doesn't She?" *Linguistic Inquiry* 8, 763-767.

Schiffrin, Deborah (1987) *Discourse Markers*, Cambridge University Press, Cambridge.

Schourup, Lawrence (1999) "Discourse Markers," *Lingua* 107, 227-265.

Schourup, Lawrence・和井田紀子 (1988) *English Connectives*, くろしお出版, 東京.

Searle, John R. (1969) *Speech Acts: An Essay in the Philosophy of Language*, Cambridge University Press, Cambridge.

Searle, John R. (1975) "Indirect Speech Acts," *Syntax and Semantics, 3: Speech Acts*, ed. by Peter Cole and Jerry L. Morgan, 59-82, Academic Press, New York.

Seraku, Tohru (2008) *The Explicit/Implicit Distinction: A View from Dynamic Sybtax*, MA thesis, University College London.

Smith, Neil and Deirdre Wilson (1979) *Modern Linguistics: The Results of Chomsky's Revolution*, Indiana Univesity Press, Blomington & London.

Sperber, Dan and Deirdre Wilson (1986/1995) *Relevance: Communication and Cognition*, Blackwell, Oxford.(内田聖二・中 俊明・宗南先・田中圭子 (訳) (1993/1999)『関連性理論—伝達と認知』研究社, 東京.)

Sperber, Dan and Deirdre Wilson (1997) "The Mapping between the Mental and the Public Lexicon," *UCL Working Papers in Linguistics* 9, 107-125.

Sperber, Dan and Deirdre Wilson (2002) "Pragmatics, Modularity and Mind-reading," *Mind and Language* 17, 3-23.

Stainton, Robert J. (1994) "Using Non-sentences: An Application of Relevance Theory," *Pragmatics and Cognition* 2, 269-284.

Stainton, Robert J. (1995) "Non-sentential Assertions and Semantic Ellipsis," *Linguistics and Philosophy* 18, 281-296.

Stainton, Robert J. (1997) "Utterance Meaning and Syntactic Ellipsis," *Pragmatics & Cognition* 5 (1), 51-78.

Stainton, Robert J. (2004) "The Pragmatics of Non-sentences," *The Handbook of Pragmatics*, ed. by Laurence R. Horn and Gregory Ward, 266-287, Blackwell, Oxford.

参考文献

Stanley, Jason (2000) "Context and Logical Form," *Linguistics and Philosophy* 23, 391-434.

Swan, Michael (1980) *Practical English Usage*, Oxford University Press, Oxford.

Sweetser, Eve E. (1990) *From Etymology to Pragmatics: Metaphorical and Cultural Aspects of Semantic Structure*, Cambridge University Press, Cambridge.

Takeuchi, Michiko (1998) "Conceptual and Procedural Endoding: Cause-consequence Conjunctive Particles in Japanese," *Current Issues in Relevance Theory*, ed. by Villy Rouchota and Andreas H. Jucker, 81-104, John Benjamins, Amsterdam.

武内道子 (2002)「言語形式の明示性と表意」『英語青年』148 巻 4 号, 36-37.

武内道子 (2003)「関連性理論の意味論」『英語青年』148 巻 10 号, 38-39.

武内道子 (2007)「認知語彙論への試み—「やばい」をめぐって—」『神奈川大学人文学研究所報』第 40 巻, 1-9.

滝浦真人 (2003)「「だって」の語用論—演算子が演算するもの—」『月刊言語』第 32 巻 3 号, 33-39.

Tanenhaus, Michael K., and Greg N. Carlson (1990) "Comprehension of Deep and Surface Verbphrase Anaphors," *Language and Cognitive Processes* 5 (4), 257-280.

Tasmowski-De Ryck, Liliane and S. Paul Verluyten (1981) "Pragmatically Controlled Anaphora and Linguistic Form," *Linguistic Inquiry* 12, 153-154.

Tasmowski-De Ryck, Liliane and S. Paul Verluyten (1982) "Linguistic Control of Pronouns," *Journal of Semantics* 1, 323-346.

Tasmowski, Liliane and S. Paul Verluyten (1985) "Control Mechanisms of Anaphora," *Journal of Semantics* 4, 341-370.

Thomas, Jenny (1995) *Meaning in Interaction: an Introduction to Pragmatics*, Longman, London.

Traugott, Elizabeth Closs (1982) "From Propositional to Textual and Expressive Meanings," *Perspectives on Historical Linguistics*, ed. by Winfred P. Lehmann and Yakov Malkiel, 245-271, John Benjamins, Amsterdam.

Traugott, Elizabeth Closs (1988) "Pragmatic Strengthening and Grammaticalization," *Proceedings of the Fourteenth Annual Meeting of the Berkley Linguistic Society*, Berkley Linguistic Society, Berkely, 406-416.

Traugott, Elizabeth Closs (1989) "On the Rise of Epistemic Meanings in English: An Example of Subjectification in Semantic Change," *Language* 57, 33-65.

Traugott, Elizabeth Closs (1995a) "Subjectification in Grammaticalization," *Subjectivity and Subjectification: Linguistic Perspectives*, ed. by Dieter Stein and Susan Wright, 32-54, Cambridge University Press, Cambridge.

Traugott, Elizabeth Closs (1995b) "The Role of the Development of Discourse Markers in a Theory of Grammaticalization," Paper Presented at ICHL XII, Manchester.

Traugott, Elizabeth Closs (1997) "The Discourse Connective *after all*: a Historical Pragmatic Account," ms., Stanford University, prepared for *ICL*, Paris, July 1997. (02.17.2011)

Traugott, Elizabeth Closs (1999) "From Subjectification to Intersubjectification," Paper Prepared at the Workshop on Historical Pragmatics, Fourteenth International Conference on Historical Linguistics, Vancouver, Canada.

Traugott, Elizabeth Closs (2003a) "From Subjectification to Intersubjectification," *Motives for Language Change*, ed. by Raymond Hickey, 124-139, Cambridge University Press, Cambridge.

Traugott, Elizabeth Closs (2003b) "The Construction of Meaning: What is the Proper Role of Levinson's Q-and M-implicatures in Semantic Change," Stanford Semantics and Pragmatics Workshop Handout.

Traugott, Elizabeth Closs (2004) "Historical Pragmatics," *The Handbook of Pragmatics*, ed. by Laurence R. Horn and Gregory Ward, 539-561, Blackwell, Oxford.

Traugott, Elizabeth Closs and Richard B. Dasher (2002) *Regularity in Semantic Change*, Cambridge University Press, Cambridge.

内田聖二 (1993)「関連性理論とコミュニケーション」『言語』22 巻 7 号, 62-65.

内田聖二 (2001)「高次表意からみた日英語比較への一視点」『奈良女子大学人間文化研究科年報』第 17 号, 7-17.

内田聖二 (2004)「遂行分析から表意分析へ」『日本英語学会第 22 回大会 Conference Handbook 22』25-28.

内田聖二 (編) (2009)『英語談話表現辞典』三省堂, 東京.

内田聖二 (2011)『語用論の射程』研究社, 東京.

Vanderveken, D. and Susumu Kubo (2002) *Essays in Speech Act Theory*, John Benjamins, Amsterdam.

Wang, Yu-Gang, Pi-Hua Tsai, and Ya-Ting Yang (2010) "Objectivity, Subjectivity and Intersubjectivity: Evidence from *qishi* ('actually') and *shishishang* ('in fact') in Spoken Chinese," *Journal of Pragmatics* 42 (3), 705-727.

Williams, Edwin S. (1977) "On Deep and Surface Anaphora," *Linguistic Inquiry* 8, 692-696.

Wilson, Deirdre (1998) "Discourse, Coherence and Relevance: a Reply to Rachel Giora," *Journal of Pragmatics* 29, 57-74.

Wilson, Deirdre (2000) "Metarepresentation in Linguistic Communication," *Metarepresentations: a Multidisciplinary Perspective*, ed. by Dan Sperber, 411-448, Oxford University Press, Oxford.

Wilson, Deirdre (2002) "Saying and Implying: the Explicit-Implicit Distinction" and "Describing and Indicating: the Conceptual-Procedural Distinction," Talk Delivered at the ICU Open Lectures on Cognitive Pragmatics Entitled *Relevance Theory: from the Basics to the Cutting Edge*, International Christian University, Tokyo, March 26 and 28, 2002.

Wilson, Deirdre and Dan Sperber (1986) "Inference and Implicature," *Meaning and Interpretation*, ed. by Charles Travis, 45-75, Blackwell, Oxford.

Wilson, Deirdre and Dan Sperber (1987) "An Outline of Relevance Theory," *Notes on Linguistics* 39, 5-24.
Wilson, Deirdre and Dan Sperber (1988) "Mood and the Analysis of Non-declarative Sentences," *Human Agency: Language, Duty and Value*, ed. by Jonathan Dancy, J. Moravcsik and C. Taylor, 77-101, Stanford University Press, Stanford.
Wilson, Deirdre and Dan Sperber (1992) "On Verbal Irony," *Lingua* 87, 53-76.
Wilson, Deirdre and Dan Sperber (1993) "Linguistic Form and Relevance," *Lingua* 90, 1-25.
Wilson, Deirdre and Dan Sperber (2004) "Relevance Theory," *The Handbook of Pragmatics*, ed. by Laurence R. Horn and Gregory Ward, 607-632, Blackwell, Oxford.
山梨正明 (1986)『発話行為』大修館書店，東京．
安井稔 (1977)『言外の意味』研究社，東京．
Yule, George (1979) "Pragmatically Controlled Anaphora," *Lingua* 49, 127-135.

例文：

現代日本語研究会（編）(1998)『男性の言葉　職場編』ひつじ書房，東京．
現代日本語研究会（編）(2002)『女性の言葉　職場編』ひつじ書房，東京．
BNC: The British National Corpus
Letters of Delegates to Congress 1774-1889, ed. by Paul H. Smith, et al. (1976-93)
WB: Collins WordBanks Online

映画のスクリプト：

亀山太一（監修）(2003)『アバウト・ア・ボーイ』，スクリーンプレイ．
管孝子（監修）(1998)『バック・トゥ・ザ・フューチャー』，スクリーンプレイ．
山田均（監修）(1994)『フィールド・オブ・ドリームス』，スクリーンプレイ．
吉田信介・吉田晴世・Ronald Mason（編著）(1994)『カイロの紫のバラ』松柏社．

辞書：

『ランダムハウス英和大辞典第 2 版』小学館．
OED^2: The Oxford English Dictionary, 2nd edition

索　引

＜ア行＞

I 原理　49, 51, 53-54, 118
アドホック概念形成 (ad hoc concept formation)　14-16
曖昧性の除去 (disambiguation)　12-13, 20, 57
暗示的伝達 (implicit communication)　12
言い換え標識 (reformulation marker)　25-26
一義的説明　31-32, 102, 104, 106, 109, 111, 117, 135-137
意図明示的刺激 (ostensive stimuli)　4-5, 7, 10, 11, 16-17, 174
意図明示推論的コミュニケーション (ostensive-inferential communication)　6
意味合成規則 (compositional semantic rule)　22, 112
意味的手がかり　185
意味保持 (semantic retention)　161-162
言われていること (what is said)　12-13, 35, 38, 50, 56, 75-77, 95, 102
エコー疑問文　189
エコー発話　188-189
M 原理　52-56, 68, 70
演繹的推論　106, 195

＜カ行＞

外界照応 (exophora)　179, 199
解決スキーマ (resolution schema)　53-54, 56
解釈的類似性 (interpretive resemblance)　192-197
解釈的用法 (interpretive use)　187
解釈の手順 (comprehension procedure)　19, 63
解読 (decoding)　1, 12, 16-17, 19-20, 31
概念の緩和 (loosening)　16, 58
概念の狭化 (narrowing)　16, 58-59, 63
概念表示 (conceptual representation)　16, 24-25, 28
会話の含意 (conversational implicature)　35-36, 38, 40, 44, 57, 68, 94,
　一般化された会話の含意 (GCI)　40-42, 45-46, 51, 53, 55, 57, 65-66, 68, 70
　特殊化された会話の含意 (PCI)　40, 42, 45, 57, 65, 70
会話の格率 (conversational maxim)　3, 36-38, 40-41, 44, 68,
　量の格率 (quantity maxims)　36, 39, 41-43, 46, 48, 53, 55, 62
　質の格率 (quality maxims)　36, 8-39
　関係性の格率 (relation maxim)　36, 40, 43, 68
　様式の格率 (manner maxims)　37, 40, 43, 46, 51, 55, 69
間主観化 (intersubjectification)　164-165
間主観性 (intersubjectivity)　163, 166
緩衝表現　118, 129

索 引

間接疑問文縮約 (sluicing)　175, 177
間接発話行為 (indirect speech act)　75,
　77, 84-85, 90, 92
関連性の原理 (Principles of Relevance)
　8, 19, 65-68
　　認知に関わる第一原理　8, 19
　　伝達に関わる第二原理　8
含意されていること (what is implicated)
　2-13, 35
換喩 (metonymy)　85-87, 90
基礎表意 (basic explicature)　89, 91, 103
Q 原理　47-49, 53
協調の原理 (Cooperative Principle)　4,
　35-38, 40, 88, 94-95, 98
際立ち (salience)　32, 179, 181
空所化 (gapping)　175, 180, 185, 193
空補文照応 (null complement anaphora)
　175, 183-184, 194-195
結束関係 (coherence)　26-28, 33, 158
結論の受容　162-163
言語的決定不可能性
　　(linguistic indeterminacy)　2
言語的決定不十分性
　　(linguistic underdeterminacy)　2
言語的制御 (linguistic control)　175,
　179-181, 184
言語的推定　82-83
言語的メタ表示
　　(linguistic metarepresentation)　187, 190
原発話者　190-192, 196-197
語彙の意味の持続性　163
行為遂行的発話　74
高次表意 (higer-level explicature)　22, 25-
　26, 89-91, 107, 152, 165
コードモデル (code model)　1, 2

誇張表現 (overstatement)　85-87, 90
語用論的再構築
　　(pragmatic reconstruction)　184, 186
語用論的制御 (pragmatic control)
　175-176, 179, 181, 183-184
語用論的調整　61
コンテクストへの制約
　　(constraint on context)　29-30

＜サ行＞

最適な関連性の見込み (presumption of
　optimal relevance)　9, 15, 17, 67, 89, 91,
　199
gender marking　178
字義性の推定　84
事実確認的発話　74
指示付与 (reference assignment)　12-13,
　15, 20, 57, 60
尺度含意 (scaler implicature)　47-48, 58,
　64, 66
自由拡充 (free enrichment)　14-15, 61, 186
修辞疑問文　80, 152
修正オッカムの剃刀
　　(Modified Occam's Razor)　31, 102
情意　140-141, 145
譲歩　102, 110, 117, 122-128
情報意図 (informative intention)　6
処理労力 (processing effort)　9-12, 19, 66,
　68, 70, 80, 89, 171, 193, 203
主観化 (subjectification)　159, 164-165, 169
主観性 (subjectivity)　163, 166-167, 169
証拠副詞　21-23, 26,
深層照応 (deep anaphora)　175, 177-178,
　182-185, 199
心的表示 (mental representation)　6, 180,

219

184, 186-187, 190-196, 199-201
侵入構文　64
真理条件 (truth condition)　17, 21-24, 26, 64-65, 89, 105-106, 114, 185
推意 (implicature)　12-13, 17-20, 25-26, 32-33, 35, 58, 62-65, 69-70, 75, 81, 88, 90-91
推意結論 (implicated conclusion)　18, 20, 32-33, 92, 103, 113, 188, 195, 196
推意前提 (implicated premise)　18, 20, 32, 60, 103, 111, 195-196
遂行動詞　74, 78-79, 83
推論スキーマ　108, 116-117, 119, 128-129, 136
推論モデル (inferential model)　2-3
正当化　102, 113, 117, 120-123, 125-129, 132-133, 135-138, 140-141, 144-145
先行詞誘発因子　180-181, 192
相互並行調整 (mutual parallel adjustment)　63
想定の隔たり　116, 139, 143, 144

＜タ行＞
態度副詞　21, 22-23, 26
談話標識 (discourse marker)　154, 158
談話連結語 (discourse connective)　21, 24-28, 30-31, 33, 101, 103-104, 110-113, 115, 148, 162-163
談話ダイクシス　201
注意の焦点　200-201
中央系 (central system)　16
抽象的表示 (abstract representation)　187, 190
直示表現　199-200
重複動詞剥奪 (stripping)　175-176, 180

強い推意 (strong implicature)　18, 20
低次表示 (lower-order representation)　187, 190, 192-199, 202
適切性条件 (felicity condition)　74-77
手続き、手続き的意味、手続き的情報　24-26, 28-33, 102-106, 108, 110-113, 116-120, 125, 127-129, 136-142, 144-145, 152, 157, 161-163, 173, 192, 197, 200-202
デフォルトな推論 (default inference)　65-68
伝達の推定　82-83, 85-86
伝達意図 (communicative intention)　6, 10, 17, 191-192
伝聞副詞　21-23, 26
同意　114, 129, 135-137, 141-144
do it 照応　173, 175, 182, 185, 195-196, 198, 201
統語的手がかり　184-185
統語的省略 (syntactic ellipsis)　14, 179, 193
動詞句削除 (verb phrase ellipsis)　173, 175-180, 182-186, 191, 193
動詞句照応　171-172, 175, 185, 197-198, 203

＜ナ行＞
入力系 (input system)　16
認知環境 (cognitive environment)　7-8, 123-124, 127, 168, 190
認知効果 (cognitive effect)　7-12, 17, 19, 28-31, 66-68, 80, 89, 104, 112, 129, 142, 198
認知効果への制約
　(constraint on cognitive effect)　29-30
認知的隔たり　137

認知の経済性 (cognitive economy)　31, 33, 102

＜ハ行＞

橋渡し (bridging)　50, 60
発語行為　82-85
発語内行為　73-81, 83-93, 99
発話行為　73-82, 85-88, 90-93, 99, 136, 145, 194
発話行為スキーマ　82-85, 87, 99
発話行為副詞　21-23, 26
発話の力　73-75, 77, 79, 81, 83-85, 87, 89, 91-92
非言語的メタ表示 (non-linguistic metarepresentation)　187, 190
表出命題 (proposition expressed)　13, 22, 24-26, 58, 89-92, 165-166
表意 (explicature)　12-15, 17-20, 24-25, 58-63, 66-70, 79, 88-93, 99, 186, 196-197
表層照応 (surface anaphora)　175-176, 182-185
不在の言語先行詞 (absentee linguistic antecedent)　179
文副詞 (sentential adverb)　21-22, 26
文断片的発話　186
文脈想定 (contextual assumption)　18-20, 28, 62, 66-67, 70, 88, 91-92, 96-99, 103, 108-109, 116-117, 119, 121-122, 128, 174, 186, 191-194, 196-198, 202

飽和 (saturation)　13-14, 59-60, 185-186
ポライトネスの原理 (Politeness Principle)　93-98

＜マ行＞

無標の表現形式　52, 54-55, 68
明示的伝達 (explicit communication)　12
命題態度　22, 89, 90
メタ言語的用法 (metalinguistic use)　187, 189
メタ言語的否定 (metalinguistic negation)　189
メタコミュニケーション能力 (metacommunicative ability)　187
メタ心理能力 (metapsychological ability)　187
メタ表示 (metarepresentation)　186-190, 192-199, 202
メタ論理能力 (metalogical ability)　187

＜ヤ行＞

有標の表現形式　52, 54
呼び出し可能性 (accessibility)　19, 70, 88, 117, 121, 162, 168, 192-193, 198, 202
弱い推意 (weak implicature)　19, 196

＜ラ行＞

論理形式 (logical form)　12-14, 16-17, 56, 59-60, 65, 165, 185, 186

著者紹介

大 津 隆 広（おおつ・たかひろ）

1961 年、福岡県久留米市生まれ。九州大学文学部卒業、九州大学大学院文学研究科修士課程修了、現在、九州大学言語文化研究院准教授。専門は認知語用論。
[著書]『発話と意味解釈』（言語文化研究叢書 XII、九州大学言語文化研究院，2004 年）、『ことばの標』（共編著，九州大学出版会，2005 年）、『A Passage to English 〜大学生のための基礎的英語学習情報』第 5 版（共編著，九州大学出版会，2007 年）。
[論文]「英語の談話連結語 after all の手続き的制約と多義性について」(*JELS* 23, 2006 年)、"A Cognitive Account of Anaphoric Expressions," *Current Trends in Pragmatics*, (Cambridge Scholars Publishing, 2007 年)、"A Relevance-theoretic Account of Anaphoric Processes: the Application of Metarepresentation and its Implications," *The Said and the Unsaid: Papers on Language, Literature and Cultural Studies*, (University of Vlore "Ismail Qemali", 2011 年)、他。

発話解釈の語用論
はつ わ かいしゃく　　ご ようろん

2013 年 5 月 10 日　　初版発行

　　　　　　著　者　大　津　隆　広
　　　　　　発行者　五十川　直　行
　　　　　　発行所　㈶九州大学出版会
　　　　　　　　　　〒 812-0053 福岡市東区箱崎 7-1-146
　　　　　　　　　　　　　　　　　　　　九州大学構内
　　　　　　　　　　電 話　092-641-0515（直通）
　　　　　　　　　　URL　http://kup.or.jp/
　　　　　　　　　　　　　　　　編集・制作／本郷尚子
　　　　　　　　　　　　　　　　印刷・製本／シナノ書籍印刷㈱

Ⓒ Takahiro Otsu, 2013　　　　　　　　　　ISBN978-4-7985-0099-7